일잘러의

협업 도구

컨설팅

실무에 바로 쓰는
일잘러의 업무 협업 도구

초판 1쇄 발행 2024년 1월 4일

지은이 전시진
펴낸이 장성두
펴낸곳 주식회사 제이펍

출판신고 2009년 11월 10일 제406-2009-000087호
주소 경기도 파주시 회동길 159 3층 / **전화** 070-8201-9010 / **팩스** 02-6280-0405
홈페이지 www.jpub.kr / **투고** submit@jpub.kr / **독자문의** help@jpub.kr / **교재문의** textbook@jpub.kr

소통기획부 김정준, 송찬수, 박재인, 배인혜, 나준섭, 이상복, 김은미, 송영화, 권유라
소통지원부 민지환, 이승환, 김정미, 서세원 / **디자인부** 이민숙, 최병찬

기획 및 진행 송찬수 / **교정·교열** 강민철 / **내지 및 표지디자인** 다람쥐생활
용지 에스에이치페이퍼 / **인쇄** 한승문화사 / **제본** 일진제책사

ISBN 979-11-92987-62-0 (13000)
값 22,000원

제이펍은 여러분의 아이디어와 원고를 기다리고 있습니다. 책으로 펴내고자 하는 아이디어나 원고가 있는 분께서는
책의 간단한 개요와 차례, 구성과 지은이/옮긴이 약력 등을 메일(submit@jpub.kr)로 보내 주세요.

실무에 바로 쓰는 ——————

일잘러의
협업 도구
컨설팅

전시진 지음

노션, 구글, 캔바, 챗GPT 등
생산성 향상을 위한 도구 선택 가이드

Jpub
제이펍

업무 방식에 대해 생각해 보신 적 있나요? 본인의 업무 방식은 어떤가요? 낭비 없이 업무 시간을 잘 활용하고 있나요? 반복 작업 없이 사람이 할 수 있는 최고의 퍼포먼스를 내고 있나요? 업무 요청을 한 후 마냥 기다리기만 한 적은 없던가요? 이 책을 손에 들었다면 아마 한 번쯤은 본인이나 조직의 업무 방식에 대해 고민해 본 분일 겁니다. '업무 방식을 조금 더 생산적으로 바꿀 순 없을까?', '조금 더 효율적으로 바꿀 순 없을까?' 하면서 말이죠. 수년간 강의와 컨설팅을 진행하고, 많은 사람의 업무 방식에 대한 이야기를 들으면서 저는 '모든 업무 방식은 개선할 여지가 있다.'라고 확신하게 되었습니다. 일을 잘하고 성과를 잘 내는 조직이라도 업무 방식은 효율적이지 않은 경우도 있었고, 일을 정말 못하는 사람인 줄 알았는데 업무 방식을 변경하니 퍼포먼스를 내는 사람도 있었습니다.

옷을 입는 데도 각자의 스타일이 있듯이 업무 방식에도 스타일이 있습니다. 현재 업무 방식이 나에게 맞는 스타일이라고 생각하지만 효율이 나오지 않는다면, 스스로는 마음에 드는 옷이지만 남이 보기에는 옷을 못 입는 사람으로 평가되는 상황이라고 할 수 있습니다. 그러므로 옷을 갈아입는 것처럼 변화를 주면서 적절하게 업무 방식을 발전시켜 나가야 합니다. 그러기 위해서는 조직이나 개인의 상황과 업무 종류에 맞게 최적화된 업무 방식을 찾기 위한 노력이 필요합니다.

본격적으로 업무 생산성 향상을 위한 협업 도구 컨설팅을 시작하기에 앞서 지금까지 어떻게 업무 도구들이 변화되었는지 간단히 짚어보고 넘어가겠습니다.

하드웨어의 발전

우리 업무 방식은 1800년대부터 눈에 띄게 향상되기 시작합니다. 그 원동력은 바로 하드웨어의 발전입니다. 서기 105년, 종이가 발명된 이후 모든 업무는 종이에 직접 쓰는 방식으로 처리했습니다. 전달할 내용은 많은데 쓰는 속도에는 한계가 있으니 업무량은 늘어나고 그만큼 많은 시간이 걸리게 되었죠. 물론, 붓이 펜이 되고, 펜이 볼펜이 되는 등 필기도구의 발달에 의해 속도가 조금은 향상되었지만, 눈에 띄게 업무 속도가 향상된 것은 타자기의 출현부터라고 할 수 있습니다.

타자기 1868년 크리스토퍼 숄스, 카를로스 글리덴, 사무엘 소울에 의해 실용화된 타자기가 출시되었습니다. 원래 타자기는 지체장애인이나 시각장애인을 위한 도구였으나, 손으로 쓰는 속도보다 빠르고, 알아보기 힘든 필체를 보완할 수 있어서 서재나 사무실에서의 사용이 늘어나게 되었죠. 입력 시간의 향상, 정확한 내용 파악이 가능한 글자체는 업무 속도 향상에도 큰 영향을 끼쳤습니다. 본격적으로 타자기를 사용하면서 수많은 문서가 생성되었고, 이 문서를 보관하기 위해 서류 보관함인 캐비넷이 만들어졌죠. 드디어 손글씨를 벗어나 현대의 업무 자료와 비슷한 형태로 보이는 서류(문서)를 생성하기 시작합니다.

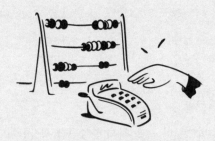

PC 회사에 컴퓨터가 도입되기 시작한 것은 1950년대입니다. 오늘날의 슈퍼컴퓨터만큼 큰 크기를 자랑했던 컴퓨터는 주로 펀치카드와 종이로 작동하며, 고속 숫자 계산에만 사용되었죠. 개인용 컴퓨터인 PC가 사무실에 본격적으로 사용되는 것은 1980년대입니다. 이때부터는 소프트웨어를 이용해 문서를 작성하는 워드프로세서와 스프레드시트가 등장하죠. 우리가 아직도 많이 사용하는 마이크로소프트(Mircrosoft)의 엑셀(Excel)도 이 시기인 1984년에 등장합니다.

노트북 최초의 휴대용 컴퓨터는 1975년에 등장했지만 무게가 25kg나 되어서 우리가 생각하는 휴대용 컴퓨터와는 거리가 멀었습니다. 일반적으로 생각하는 휴대용 컴퓨터는 1992년 IBM이 만든 씽크패드(ThinkPad)죠. 씽크패드가 휴대용 노트북으로 자리를 잡으며 사무실에도 변화의 바람이 불기 시작합니다. 데스크톱에 저장되어 있어서 쉽게 볼 수 없던 문서를 노트북을 통해 어느 장소에서나 손쉽게 열어볼 수 있게 된 것이죠. 노트북의 성능과 인터넷이 발달한 지금은 사무실뿐만 아니라 다양한 분야에서 필수 제품이 되었습니다. 인터넷만 연결되어 있다면 어디든 업무 공간으로 활용할 수 있어서, 업무 공간의 개념이 더욱 넓어졌습니다.

스마트폰 스마트폰의 등장은 생각보다 꽤 오래전입니다. 전화 기능에 컴퓨팅 기능이 하나로 통합된 모바일 장치인 스마트폰은 1993년 대중에게 공개되었습니다. 전화 기능뿐만 아니라 주소록, 세계 시간, 계산기, 메모장, 이메일, 팩스 송수신, 간단한 게임까지 할 수 있었죠. 이동하면서 전화를 할 수 있는 것만으로도 많은 발전이었는데, 스마트폰의 등장으로 사무실이나 노트북을 통해서만 할 수 있었던 전자 우편 등의 간단한 업무를 더욱 손쉽게 처리할 수 있게 된 것입니다.

이처럼 타자기의 등장으로 문서 작성 속도가 향상되어 더 많은 문서를 생성할 수 있게 되었고, PC와 인터넷의 등장으로 전 세계에 있는 사람들과 업무를 진행할 수 있게 되었습니다. 노트북의 등장은 장소에 대한 제약을 없앴고, 스마트폰의 등장은 언제 어디서나 업무를 할 수 있는 환경을 만들었습니다.

다양한 소프트웨어의 등장

하드웨어의 발달로 물리적인 제약은 점차적으로 감소했습니다. 물리적인 제약이 줄면서 우리에게는 새로운 시대, 소프트웨어의 시대가 도래합니다.

이메일 1990년대, 인터넷의 보급과 함께 1세대 협업 도구인 이메일(E-mail)이 각광을 받기 시작합니다. 초기 국내에 보급된 이메일 서비스는 특정 단체에 소속되거나 유료로 계정을 구매해야 사용할 수 있었지만, 1997년 다음(Daum)에서 한메일(hanmail)이라는 이름으로 무료 인터넷 웹메일 서비스를 시작하면서 이메일 사용자 수는 급증하기 시작합니다. 한메일의 가입자 수는 무료 서비스 출시 후 3일 만에 2000만 명으로, 대한민국 성인이라면 누구나 이메일 주소 하나씩 가지고 있을 정도로 이메일 사용자가 증가했으며, 대표적인 업무 소통 도구로 자리를 잡게 됩니다. 편지 봉투에 우표를 붙이고 우체통에 넣은 후 우편이 도착할 때까지 2일에서 5일을 기다려야 했던 편지와 달리, 버튼을 한 번 클릭하는 것만으로 수 초 이내에 내용을 전달할 수 있는 이메일은 우리의 업무 방식에 커다란 변화를 가져옵니다.

워드프로세서 이메일 다음으로 주목을 받는 소프트웨어는 마이크로소프트의 오피스 프로그램입니다. 대표적으로 워드(Word), 엑셀(Excel), 파워포인트(PowerPoint)가 있죠. 많은 기업에서 마이크로소프트의 오피스 프로그램을 사용해 업무를 처리합니다. 회의록 작성은 물론이고, 기획서, 제안서, 매출 및 고객 관리, 프로젝트 관리 등 거의 모든 업무에 사용한다고 해도 무방합니다.

그룹웨어 회사에서 이메일과 오피스 프로그램으로 모든 업무를 처리할 수 있는 것은 아닙니다. 조직을 운영하는 데 필요한 기능들이 따로 있습니다. 각종 조직 관리 기능들을 한곳에서 관리하려는 요구와 말단 직원부터 회사의 대표까지 보고되는 결재 프로세스를 결합한 그룹웨어가 등장합니다. 1980년대 처음 그룹웨어에 대한 개념이 이야기되고, 1990년대 최초로 등장한 그룹웨어는 이제 국내 회사들의 필수 업무 도구로 자리 잡았습니다.

SaaS(Software as a Service) 현 시대에 가장 최적화된 도구라고 각광을 받는 SaaS는 클라우드 서비스를 기반으로 모든 업무 데이터가 연동됩니다. AWS, 애저, GCP와 같은 글로벌 클라우드 데이터 센터의 사용이 편리해지면서 전문가가 아니라도 조금만 노력하면 SaaS 도구를 만들고 서비스할 수 있게 되었습니다. 구글 워크스페이스, 네이버웍스, 노션, 슬랙 등이 대표적인 협업 SaaS 도구입니다. 앞으로 이 책에서 소개하는 대부분의 도구가 SaaS 도구라고 생각하면 됩니다.

빠르게 발전하는 기술의 속도

종이에서 이메일로, 이메일에서 그룹웨어로 그리고 SaaS로! 업무 도구는 시대의 변화에 따라 점차 발전합니다. 기술이 발전하는 속도가 점점 빨라지고 새로운 기기와 소프트웨어는 매일 같이 생겨나고 있으니 우리 직장인들이 새로운 기기나 소프트웨어를 학습하고 익히는 속도는 이를 따라갈 수 없습니다. 그나마 IT 기기를 다루는 데 능숙한 사람이 있는 반면에, 여전히 아날로그를 선호하는 분들이 있습니다. 상대적으로 능숙도에서 차이가 나며, 각종 업무 도구를 다루는 데에도 같은 현상이 발생합니다.

분명 이런 빠른 발전으로 인해 열 사람이 할 일을 한 사람이 할 수 있고, 10시간이 걸리는 일을 1시간 만에 처리할 수 있습니다. 그러므로 기존 방식에 만족하는 것보다는 새로운 대안을 찾아야 합니다. 예를 들어 IT에 익숙하지 않은 경력자들은 지금까지 쌓아온 경험과 노하우를 나누어 주고, IT에 익숙한 사람들은 경력자들의 경험과 노하우를 활용해 빠르고 뛰어난 업무 결과를 만들어 낼 수 있을 것입니다.

인간이 150년 만에 발견한 이론을 인공지능은 1시간 만에 발견할 정도로 세상은 발전하고 있습니다. 이런 시대에 사는 우리도 뒤처지지 않으려면 업무 방식 또한 변화를 추구해야 할 것입니다. 부디 이 책을 통해 여러 개인이나 조직에서 좀 더 적합한 도구를 이용하고, 좀 더 나은 업무 방식으로 개선할 수 있기를 바랍니다.

협업 도구 전문 컨설턴트
전시진 드림

✎ Memo

1장

진단:
조직의
업무 방식
파악

업무 방식을 어떤 절차로 개선할까?

조직의 업무 방식을 개선하는 과정은 총 4단계를 거칩니다. 진단, 처방, 치료, 재활이죠. 몸이 아플 때 병원에 가는 것과 유사합니다. 병원에 가는 이유는 어딘가 불편하기 때문입니다. 몸이 원하는 대로 움직이지 않거나, 이상 증세가 발견되어 스스로 병원에 방문할 수도 있고, 누군가 그 사람의 증세를 알아차리고 병원에 가 보라며 제안할 수도 있습니다. 하지만 바로 병원에 방문하기보다는 스스로 해결해 보려는 분도 많습니다. 다른 사람의 사례를 찾아서 따라 해 보거나, 민간요법을 쓰거나, 약국에서 쉽게 구할 수 있는 약을 먹습니다. 간단한 이유라면 스스로 해결할 수도 있을 겁니다. 하지만 대부분의 병이 그렇듯이 복합적인 원인이 있을 수 있습니다. 그래서 치료를 시작하기 전에 제대로 된 진단을 하는 것이 가장 중요합니다. 애초에 정확한 진단이 있

어야 확실하게 치료할 수 있으니까요. 조직도 마찬가지입니다. 기존의 업무 방식을 고수하다 보면 업무가 원활하게 진행되지 않거나 개선이 필요하다고 생각될 때가 있습니다. 바로 그때 올바른 진단을 내리고 그에 따라 적절하게 처방 및 치료할 필요가 있습니다. 지금부터 조직의 업무 방식 개선을 위한 각 단계에 대해 자세히 살펴보겠습니다.

📤 업무 개선 과정 4단계

진단 조직의 업무 방식 개선을 위한 첫 단계에서는 전문가와 함께 현재 문제점을 파악하는 것입니다. 일단 어떤 부분이 가장 문제이며, 어떤 부분을 개선해야 할지를 판단합니다. 조직은 혼자만의 힘으로 유지되는 것이 아니므로 문제를 발생시키는 요인에도 여러 가지가 있습니다. 조직이 속해 있는 산업의 형태, 업무 방식, 조직 문화, 리더나 구성원의 성향, 연령이나 성별 등도 영향을 미치죠.

저에게 컨설팅을 의뢰하는 대부분의 조직에서는 '프로젝트 관리가 안 돼요', '파일이 분산되어 있어요', '커뮤니케이션 도구 정리가 안 되어 있다는 불만이 많아요'와 같이 단편적인 문제를 호소합니다. 이렇게 겉으로 드러난 일부 문제만 봐서는 곧바로 해결책을 찾아 주기가 쉽지 않습니다.

우선은 조직 전체의 특성을 파악하고, 업무 종류를 구분하는 일부터 시작해야 합니다. 건설회사에서 IT 회사의 솔루션을 적용하거나, 프랜차이즈 업종의 회사에서 세무사 사무실의 업무 방식을 적용하는 것처럼 조직을 파악하지 않은 채 획일적인 방법을 제시했다가는 오히려 업무 방식의 혼란을 가져오기 마련입니다. 그러므로 진단 단계일수록 더욱 철저하고 신중하게 준비하면서 문제를 명확하게 파악해야 합니다.

처방 조직이 어느 부분에서 어떤 문제를 겪고 있는지 파악했다면 해결하기 위한 처방을 내려야 합니다. 병을 치료하려면 풍부한 의학적 지식이 필요하듯이 조직의 업무 방식 개선을 위해서는 다양한 업무에 따라 필요한 도구와 각 도구의 특징을 알고 있어야 합니다. 업무의 종류는 프로젝트 관리, 할 일 관리, 일정 관리, 아이디어 회의, 고객 관리, 디자인 관리, 영상 커뮤니케이션 등 다양합니다. 그러므로 업무의 종류에 따라 대표적 도구들을 파악해야 합니다. 예를 들어 커뮤니케이션 도구로는 슬랙, 구글 챗 등이 있고, 일정 관리는 구글 캘린더, 네이버 캘린더 등이 있습니다.

업무 방식을 개선하려면 업무 종류와 업무에 필요한 각 도구를 잘 알아야 한다고 했습니다. 꼭 우리 조직의 업무가 아니더라도 어떤 업무들이 있는지 파악해 놓으면 솔루션을 마련할 때 도움이 됩니다.

- **기본 업무:** 커뮤니케이션, 문서 관리, 파일 관리, 프로젝트 관리, 일정 관리는 조직을 운영할 때 반드시 필요한 5가지 업무로, 이 업무들만 제대로 진행되면 나머지 업무들은 자연스럽게 개선할 수 있습니다. 협업을 할 때 필요한 업무 내용들을 정리해 보면 대부분 이 5가지 업무에 포함되며, 제가 지금까지 만났던 대부분의 조직이 가지고 있는 문제점 역시 이 5가지 문제에서 야기되기도 했습니다. 각 업무에 대해서는 이후 183쪽에서 자세히 설명합니다.
- **기타 업무:** 기본 업무를 제외한 나머지 업무로 할 일 관리, 브레인스토밍, 전자결재, 휴가 관리 등이 여기에 해당합니다. 기타 업무는 산업이나 조직의 특성에 따라 중요도가 달라집니다. 컨설팅이 주요 업무인 조직이라면 브레인스토밍이나 화상 회의 업무가 기본 업무만큼 중요하지만, 제조업이라면 브레인스토밍이나 화상 회

의와 같은 업무가 상대적으로 덜 중요할 수 있습니다. 따라서 기타 업무는 각 산업에 따라 중요도를 정렬하거나 필요에 따라 제외하고 생각하면 됩니다.

무엇보다 이러한 기타 업무는 기본 업무와 밀접하게 연결되어 있으므로 기본 업무 방식을 개선할 때 자연스럽게 포함되는 경우가 많습니다. 프로젝트 관리에 할 일 관리가 포함되거나, 커뮤니케이션에 화상 회의 기능이 포함되는 것처럼 말이죠. 물론 회사의 산업이나 특성에 따라 기타 업무가 기본 업무가 될 수도 있습니다.

치료 문제를 해결하기 위한 솔루션을 마련했다면 솔루션을 직접 적용해 봐야 합니다. 이때 조직 내에 담당자가 없다면 반드시 담당자를 지정하는 것이 필요하며, 담당자가 전문가의 도움을 받는 것이 좋습니다. 담당자가 지정되지 않는다면 기존 업무 처리로 바빠서 새로운 도구를 적용하거나 교육할 여력이 없기 때문입니다. 전문가의 도움을 받는다면 조직의 업무 방식이나 문화에 맞춰 솔루션을 적용할 수 있도록 설계해 줍니다. '현재 상황에서는 이렇게 사용하세요'처럼 구두로만 가이드를 제공할 수도 있고, 해당 조직만을 위한 맞춤형 매뉴얼이나 가이드북을 만들어 제공할 수도 있습니다. 도구 사용을 위한 교육이나 워크숍 등을 진행할 수도 있으며, 맞춤형 템플릿을 제작해서 제공할 수도 있습니다.

TIP 처방과 치료를 할 때 주의해야 할 점으로서, 조직의 산업, 업무 방식 등을 아는 것도 중요하지만 어떤 도구가 어떤 기능을 함께 제공하는지, 어떤 도구를 어떤 업무로 활용할 때 어떤 장단점이 있는지를 정확하게 알아야 합니다.

물론 하나의 도구가 하나의 기능만을 제공하지 않고 여러 기능을 제공하기도 합니다. 예를 들어 노션은 프로젝트 관리, 위키(조직 구성원이 자유롭게 편집할 수 있는 업무 자료 모음), 할 일 관리, 일정 관리 등의 기능을 제공합니다. 그런데 프로젝트 관리 기능은 탁월하지만 일정 관리 기능은 다른 도구에 비해 UI/UX 사용성이 떨어지는 편이죠. 따라서 처방을 내릴 때는 그저 떠오르는 아이디어, 다른 조직에서 잘 사용하고 요즘 유행하는 도구를 선택하는 게 아니라 복합적인 상황을 고려하여 어떤 도구를 어떻게 활용할지 검토해야 합니다.

재활 아무리 훌륭한 솔루션을 적용하더라도 낯선 방법에 바로 정착하여 업무가 개선되지는 않습니다. 각 구성원이 솔루션을 제대로 파악하지 못한 상태에서 사용하여 문제가 발생할 수도 있으며, 전혀 예상치 못한 부분이 다른 문제를 야기할 수도 있습니다. 그러므로 조직 전체가 솔루션에 적응해서 해당 도구가 어느 정도 정착될 때까지 꾸준히 살펴봐야 합니다. 그러면서 문제가 발생한 곳에서 해결책을 마련하고, 잦은 실수가 발생하는 부분이 있다면 다시 교육이나 워크숍을 진행합니다. 교육이나 워크숍을 진행하기 어렵다면 자주 발생하는 문제에 대해 가이드북 등에 별도로 정리해 놓는 것도 방법입니다. 이러한 재활 기간 중에는 지속적이고 반복적인 관리가 아닌 문제나 어려움이 발생했을 때 적절하게 해결해 주는 방식으로 진행됩니다.

우리 조직의 현재 상태를 파악한다

제가 실제 컨설팅을 진행할 때 물어보는 질문으로 시작해 보겠습니다.

1. 현재 진행하고 있는 전체 업무의 프로세스를 설명해 주실 수 있으신가요?
2. 현재 어떤 방식으로 업무를 진행하고 있나요?(커뮤니케이션, 문서 관리, 파일 관리, 프로젝트 관리, 일정 관리)
3. 말씀하신 방법에서 불편함을 느끼신 부분은 무엇인가요?
4. 불편함을 느낀 부분은 어떻게 변경하고 싶으신가요?

위 4개의 질문을 통해 조직 전체의 업무 방식을 어느 정도 파악할 수 있습니다. 위의 질문에서 하나라도 명확한 대답을 듣지 못한다면 명쾌해질 때까지 되묻기도 합니다.

질문을 하고 대답을 들으면서 제가 체크하는 부분은 다음과 같은 4가지입니다.

1. 전체 업무 프로세스
2. 프로세스를 진행하기 위해 사용되는 업무 도구
3. 도구를 사용하며 불편한 점
4. 불편한 점을 해소하고 싶은 방향

병원은 '아픈 부분을 아프지 않게 하기 위해'라는 명확한 목표가 있지만 조직의 업무 방식에서는 구성원마다 해결하고 싶은 방향이 다를 수도 있습니다. 이때 "회사의 목표는 매출 향상 아니야?"라고 되물을 수 있습니다. 하지만 꼭 그렇지 않은 조직들도 있습니다.

- 회사의 매출은 이미 잘 나오고 있어. 하지만 업무량이 너무 많아서 반복되는 업무를 줄이고 퇴근 이후 개인 시간을 갖고 싶어.
- 회사의 매출은 잘 나오지만 업무 시스템을 체계화해서 조직을 더 단단하게 만들고 싶어.
- 정부 지원 사업을 따오기 때문에 당장 매출을 올리기보다는 정확한 일처리, 빠짐 없는 보고 내용, 효율적인 운영 방식을 갖춰야 해.

위와 같이 조직의 목표는 다양할 수 있습니다. 또한, 직급이나 직책에 따라 달라지기도 합니다. 매출 향상이나 직원들의 업무 진행 정도를 파악하는 게 목표일 수도 있고, 업무를 자동화하여 내 시간을 더 확보하는 게 목표일 수도 있기 때문이죠. 어떤 직급/직책이 담당자가 되느냐에 따라서 컨설팅 방향이 달라지기도 합니다.

협업 도구의 특징을 파악하고 있는 사람이라면 앞서 4개의 질문의 답변을 조합하여 어떤 도구를 활용하면 좋을 것인지 머릿속에 떠오를 것입니다. 워낙 다양한 협업 도구가 있고, 협업 도구에 따라 하나의 도구로 여러 업무를 처리할 수도 있으므로, 단 하나의 협업 도구만 떠오를 수 있고, 여러 도구가 떠오를 수도 있죠. '프로젝트 관리'라고 하면 떠오르는 노션, 트렐로, 플로우, 먼데이닷컴, 클릭업, 아사나처럼요.

도구를 구분하는 5가지 기준은 기본 업무에 해당하는 5가지와 동일합니다.

1. 커뮤니케이션
2. 문서 작성
3. 파일 관리
4. 프로젝트 관리
5. 일정 관리

이렇게 5가지를 기준으로 어떤 업무 도구를 사용하고 있는지 살펴보면 무엇을 변경해야 하는지 파악할 수 있습니다.

예를 들어 1990년~2000년대의 사무실을 보면 커뮤니케이션은 전화나 이메일, 문서 작성은 워드와 파워포인트, 파일 관리는 담당자의 PC, 프로젝트 관리는 엑셀, 일정 관리는 탁상형 종이 달력을 썼죠. 예시처럼 전통적인 업무 환경이라면 우선 SaaS(Software as a Service, 서비스형 소프트웨어)를 이용한 협업 도구를 이해한 다음, 5가지 업무 도구를 모두 변경하여 업무 효율을 높일 수 있을 것입니다.

🖋 현재 업무 방식 진단 체크리스트

여러분 조직은 현재 어떤가요? 조직의 업무 방식 개선을 위한 진단을 시작한다면 다음과 같은 체크리스트를 사용할 수 있습니다.

□ 프로젝트의 진행 상황이 변경되었을 때 팀원 모두에게 자동으로 알림이 가나요?

□ 프로젝트 담당자에게 질문하지 않아도 업무 진행 상황을 실시간으로 확인할 수 있나요?

□ 커뮤니케이션 도구(메신저 등)의 대화방이 주제(목적)별로 구분되어 있나요?

□ 커뮤니케이션 도구에서 나와 관련된 알림만 선택하여 받을 수 있나요?

□ 문서를 다른 사람에게 전송한 후 수정해도 다른 사람들이 변경된 내용을 실시간으로 파악할 수 있나요?

□ 문서 파일을 언제 어디서나 최신 버전으로 확인할 수 있나요?

□ 문서를 갖고 있는 담당자가 휴가를 가도 관련된 사람 누구나 쉽게 해당 문서를 열람할 수 있나요?

□ 파일의 용량에 관계없이 공유하고 부담 없이 파일을 열람할 수 있나요?

□ 프로젝트의 진행 상황과 일정이 갑자기 변경되어도 모두가 최신 일정으로 파악할 수 있나요?

□ 팀원들의 빈 시간을 누구나 쉽게 확인할 수 있나요?

직접 체크해 보면서 현재 여러분 조직에서 업무 방식 개선이 필요한지 파악해 보세요.

- **0~3개:** 하나도 체크하지 못했나요? 여러 사람이 협업하는 상황이라면 효율을 제대로 낼 수 없을 것 같습니다. 프로젝트가 어떻게 돌아가는지는 담당자 본인만 알고, 진행에 필요한 자료도 담당자만 보관하고 있다면 담당자는 쉽게 자리를 비우지 못할 것입니다. 효율적인 협업에 필요성을 느끼고 다 같이 변화를 도모해야 할 상황입니다.

- **4~7개:** 협업을 어느 정도 시도하고 있는 상태로 보입니다. 하지만 여전히 효율성이 낮을 것 같습니다. 프로젝트 관리나 문서 관리는 잘 진행되지만 커뮤니케이션 등에서 문제가 발생하고 있을 가능성이 높습니다. 모든 구성원이 불필요한 알림으로 업무 방해를 받거나, 꼭 알아야 할 진행 상황을 제때 파악하기 어려울 수도 있죠. 이런 상황이라면 현재 가장 불편한 업무가 무엇인지 파악하고 이를 개선하기

위해서 무엇을 바꿔야 하는지 살펴본 후 현재 사용 중인 도구와 유기적인 연결을 도모해야 합니다.

- 8~10개: 이미 협업이 잘 진행되고 있습니다. 잘 갖춰진 시스템으로 원활하게 업무가 돌아가고 있으므로 이제는 특정 업무에 대한 생산성이나 개인에 대한 생산성 개선을 고려하면 충분합니다.

다른 조직은 어떻게 일하고 있을까?

조직의 현황을 파악했다면 처방을 내리기 전 다음 사례를 보면서 다른 조직에서는 어떻게 일했는지, 어떻게 진단하고 어떤 업무 도구를 사용하여 개선했는지 살펴보겠습니다. 여기서는 조직의 문제 상황을 이해하고, 어떤 방식으로 컨설팅을 진행했는지를 중점으로 보면 됩니다. 여기서 언급되는 도구들에 대해서는 추후 2장에서 좀 더 자세히 소개합니다.

⤴ 여러 커뮤니케이션 도구를 제각각 쓰는 유학원

> **Q** 현재 진행하고 있는 전체 업무의 프로세스를 설명해 주실 수 있으신가요?
>
> **A** 안녕하세요. 1인 유학원을 운영 중인 H 유학원입니다. 미국, 캐나다, 싱가포르, 필리핀, 호주 등의 국가로 유학이나 어학연수를 보낼 때 도와드리고 있습니다. 유학원의 업무 프로세스는 이렇습니다. 고객(학생 또는 학부모)과 상담 후 유학에 필요한 서류를 제공받아 유학할 학교에 전달합니다. 해당 학교에서 유학 승인이 떨어지면 해당 국가에서 거주할 셰어하우스나 기숙사, 한인 숙소 등을 찾고, 고객님과 상담을 한 다음, 결정이 되면 숙소와 연결해서 해당 국가의 공항으로 마중을 나와 잘 도착했는지 확인하는 일까지 진행하고 있습니다.

Q 현재 어떤 방식으로 업무를 진행하고 있나요?

A 고객과의 상담은 카카오톡으로 진행하고, 학교나 숙소와 연락은 이메일을 이용하고 있습니다.

Q 말씀하신 방법에서 불편함을 느낀 부분은 무엇인가요?

A 업무용 카카오톡 계정이긴 하지만 고객 정보나 필요한 서류 관리가 되지 않습니다. 지금 대화하고 있는 고객이 어떤 국가에 관심이 있고 어떤 학교를 가고 싶어하는지 파악하려면 대화방 내에서 검색을 하거나 기억을 떠올려야 하는 상황이죠. 학부모의 자녀가 둘 이상일 때는 첫째 아이를 보내고 싶은 건지, 첫째 아이는 이미 보냈고 둘째 아이를 추가로 보내는 건지 헷갈릴 때도 있어요.

필요한 서류를 요청할 때에는 매번 같은 문구를 보내므로, 메모장에 정리해 둔 문구를 일일이 복사해서 보내고 있어요. 또한, 유학 관련 서류를 받을 때는 카카오톡, 이메일 등으로 분산되어 있으며, 심지어 만나서 종이 서류로 받는 경우도 있죠. 그러다 보니 유학할 학교에 보낼 서류를 찾을 때에는 카카오톡인지 이메일인지 실물 서류인지 헷갈려서 하나하나 찾아보곤 합니다.

처음 상담을 한 후 오랜 시간 뒤에 다시 문의가 오면 신규 고객인지 이전에 상담을 했던 고객인지 파악하기 어렵습니다. 신규 상담을 학생이 하고 몇 주 뒤에 학부모가 연락이 오면 해당 학생의 학부모가 맞는지 바로 알기도 어렵고요.

Q 불편함을 느낀 부분은 어떻게 변경하고 싶으신가요?

A 고객 정보를 한곳에서 관리하고 싶습니다. 학생이나 학부모에 관련된 정보, 관심 있는 국가, 숙소, 학교, 현재 상황 등을 한눈에 파악할 수 있도록 정리해서 신규 상담, 재방문 고객 등을 파악하고 싶습니다. 그리고 고객과 주고받은 파일도 한 번에 관리하고 싶어요. 실물로 받은 자료는 따로 스캔해서 보관하면 되고, 이메일이나 메신저 등으로 받은 파일들은 한곳에서 모아서 관리하고 싶습니다.

위 사례는 1인 유학원을 운영하고 있는 대표님의 질의 응답으로, 현재 진행하는 업무는 크게 고객 · 학교 · 숙소와 커뮤니케이션, 고객의 정보 관리라는 것을 알 수 있습니다. 고객과 커뮤니케이션은 카카오톡, 학교 · 숙소와 커뮤니케이션은 이메일을 사용하고 있었던 기존 업무 방식과 클라이언트의 요구 사항을 파악했으니 이에 따라 다음과 같은 처방을 내렸습니다.

우선 고객과 커뮤니케이션 도구는 채널톡(Channel.io)을 추천했으며 그 이유는 다음과 같습니다.

- 카카오톡 채널, 라인, 네이버 톡톡, 인스타그램 메신저와 연동을 할 수 있어서 고객들은 편한 메신저를 이용하더라도 유학원은 채널톡이라는 하나의 도구에서 모든 커뮤니케이션을 진행할 수 있습니다.
- 이메일 연동도 가능해서 고객이 메신저로 보내는 자료는 물론, 이메일로 보내는 자료도 하나의 고객 대화 목록에서 모든 서류와 링크를 관리할 수 있습니다.
- 인터넷 전화 기능이 있습니다. 채널톡에서 발급한 전화를 이용하면 자동으로 음성 녹음이 되고, 음성 녹음한 내용을 텍스트로 변환해서 검색할 수도 있습니다. 당연히 고객 대화 목록에서 찾을 수 있죠.

- 자주 사용하는 문구(스니펫)를 지정할 수 있습니다. 상담할 때 서류 요청, 국가별 학교 목록, 국가별 숙소 목록 등 자주 물어보는 질문들은 정리해서 스니펫으로 설정해 두면 메모장 등에서 복사해서 붙여 넣거나 매번 다시 입력하지 않아도 됩니다. 상담의 효율이 더욱 올라가죠.
- 고객은 볼 수 없고 내부 직원들만 볼 수 있는 메모를 써서 해당 고객에 대한 메모나 느낀 점 등을 지정할 수 있죠.
- 마지막은 상담 봇을 이용한 자동화입니다. 1인 유학원이라 혼자서 모든 업무를 처리해야 하는데 채널톡의 봇 기능을 사용하면 실제 상담이 진행되기 전에 필요한 정보를 미리 파악할 수 있으므로, 본격적인 상담이 진행되었을 때 더욱 빠르고 정확하게 상담에 임할 수 있습니다.

한 명이 모든 업무를 처리해야 하는 상황일수록 사람이 하지 않아도 되는 업무는 최대한 자동화할 수 있는 도구를 선택해야 합니다. H 유학원에 추천한 채널톡은 위의 장점 이외에도 학교나 숙소와 이메일 커뮤니케이션 시 이메일 템플릿 기능을 이용하여 매번 보내는 서류와 검토 요청 등을 빠르게 처리할 수도 있습니다.

또한 이메일을 이용하여 첨부 파일을 자주 보내는 업무라면 해당 이메일과 연계되어 있는 클라우드 스토리지에 고객별 서류를 모아 두는 것이 좋습니다. 메신저로 상담을 진행하면서 거래처에 전달할 파일을 모은 뒤에 다운로드하여 클라우드 스토리지에 보관하면, 이후 이메일을 보낼 때 스토리지 내 폴더를 공유하는 방법으로 한 번에 보낼 수 있습니다.

🔼 담당자가 없으면 업무 상황 파악이 어려운 웨딩 스튜디오

Q 현재 진행하고 있는 전체 업무의 프로세스를 설명해 주실 수 있으신가요?

A 웨딩 영상을 촬영하는 T 스튜디오입니다. 저희는 직접 고객님들의 문의를 받기도 하고, 협력 웨딩 업체에게 소개를 받아 결혼식 당일 영상 촬영, 편집, 보정 후에 영상을 전달해 드리고 있습니다. 요즘에는 SNS에 영상을 업로드하는 일이 많아서 원본 영상과 함께 SNS 업로드용 영상도 촬영해서 전달하고 있습니다. 업무 특성상 여러 사람과 소통할 일이 많은데 업체와의 소통, 고객님과 소통, 내부 직원들끼리 소통 이렇게 총 세 방향으로 이루어지고 있어요.

외부 업체든, 직접 방문이든 고객님을 만나고 정보를 얻습니다. 결혼식 날짜, 예식장 등을 전달받고 촬영 시간과 형태를 정합니다. 메이크업을 하는 시점부터 촬영하기도 하고, 결혼식장에서만 촬영하기도 해요. 신랑, 신부만 촬영하는지, 부모님도 같이 촬영하는지 등 상품에 따라 차이가 있습니다. 이후 계약서를 쓰고 고객님과의 소통은 결혼식 전까지 진행됩니다. 일정을 정한 다음에는 내부에서 누가 해당 예식장에 갈 것인지 각자의 일정을 보고 정합니다. 이후 촬영을 맡은 담당자가 편집부터 고객님께 전달까지 진행합니다.

Q 현재 어떤 방식으로 업무를 진행하고 있나요?

A 고객 상담은 카카오톡, 문자, 전화, 이메일, 네이버 톡톡 등 연락이 오는 모든 수단을 이용하고 있습니다. 일정 관리는 구글 캘린더를 이용합니다.

Q 말씀하신 방법에서 불편함을 느낀 부분은 무엇인가요?

A 상담을 할 때 고객과 업체마다 서로 다른 소통 도구를 사용해서 너무 불편해요. 한 명의 고객이 상담은 전화로, 파일 전송은 이메일로, 질문은 카카오톡이나 문자로 하는 경우도 많아서 고객 한 명의 정보를 파악하기 위해 여러 도구를 모두 검색해야 해서 불편합니다.

또한 대부분의 경우, 담당자가 고객을 배정받으면 그 담당자와 고객이 매칭되어서 직접 관리하게 되므로 각 담당자가 고객의 업무를 어떻게 진행하고 있는지 파악이 안 됩니다. 무엇보다 담당자가 휴가라도 가는 날에는 업무 공백이 생깁니다. 구글 캘린더에는 촬영 일정 정도만 기록하므로, 편집은 언제까지 하고, 발송은 언제까지 하는지 파악할 수가 없습니다. 고객의 요청 사항도 구글 캘린더의 메모에 작성하다 보니 검색이 어렵기도 하고요.

Q 불편함을 느낀 부분은 어떻게 변경하고 싶으신가요?

A 소통 도구를 하나로 합치고 각 담당자의 히스토리를 회사 차원에서 파악하고 싶습니다. 담당자가 부재중일 때 응대가 되지 않기 때문입니다. 각 담당자의 업무 진행 현황, 매출 현황 업무 관련 정보 공유 등을 한눈에 보고 싶습니다.

이번 컨설팅 사례의 업무는 크게 커뮤니케이션과 프로젝트 관리로 구분하면 좋을 것 같았습니다. 그래서 커뮤니케이션은 채널톡, 프로젝트 관리는 노션을 추천했습니다.

우선 채널톡은 앞서 유학원의 사례에서 소개했듯이 여러 커뮤니케이션 도구를 하나로 합칠 수 있습니다. 전화, 카카오톡, 네이버 톡톡, 인스타그램은 물론이고 대표 전화번호를 연동하여 문자, 이메일도 일괄 관리할 수 있죠. 고객의 상담 요청 시 성함이나, 이전 대화의 기록을 보고 담당자를 배정할 수도 있습니다. 전화 문의가 오더라도 쉽게 다른 담당자에게 내용을 전달할 수 있습니다. 통화 자동 녹음 기능과 녹음 내용의 텍스트 변경 기능이 있기 때문이죠.

외부 업체와 소통할 때에도 어떤 업체에서 어떤 내용으로 문의를 남겼는지 확인할 수 있습니다. 또한 상담 내역별로 직원들만 볼 수 있는 메모를 활용하여 다른 팀원들에게 도움을 구할 수도 있습니다.

채널톡에는 팀 메신저 기능도 포함되어 있습니다. 업무용 메신저의 대표격인 슬랙, 팀즈 등의 도구가 있지만, 팀 전체가 채널톡을 사용하고, 고객을 응대하는 직종이라면 채널톡의 메신저 기능을 이용해 업무를 처리하면 내부 소통도 훨씬 수월하게 진행할 수 있습니다.

노션은 사용자의 목적에 따라 원하는 방식으로 사용할 수 있는 다재다능한 도구입니다. 담당자별로 진행 상황을 파악하거나 예식장별, 날짜별, 상품별 원하는 형태로 데이터를 분류해서 볼 수 있습니다. 하나의 데이터베이스에 정리만 잘하면 되죠. 상품별 매출을 입력하면 진행한 고객에 대해 월별 매출 현황도 파악할 수 있습니다. 결혼식 종료 후 언제까지 1차 결과물이 전달되어야 하는지, 최종 납품 일자는 언제인지 모두 표시해서 파악할 수 있죠. 노션을 이용하면 고객에 대한 정보 정리는 물론, 5GB까지 파일을 업로드할 수 있기 때문에 자료 보관 및 전달용으로도 사용할 수 있고, 고객별 페이지를 생성해서 진행 상황을 공유하거나 안내 사항 등을 전달할 때도 활용할 수 있습니다.

📤 일정 관리에 어려움을 겪는 대학 행정처

Q 현재 진행하고 있는 전체 업무의 프로세스를 설명해 주실 수 있으신가요?

A 저희는 너무 많은 업무를 하고 있어 프로세스를 설명드리기가 어려울 것 같습니다. 일단 학교이니 80%의 업무는 기간이 정해져 있는 상태입니다. 크게는 수강 신청, 1학기 개강, 중간시험, 교무위원회, 기말시험, 방학, 2학기 개강, 축제, 휴학, 학위수여식 등 학교의 연간 일정은 대부분 정해져 있어 이 일정대로 업무를 진행합니다. 대부분의 선생님들께서 오랜 기간 재직 중이셔서 작년에 했던 방식을 이미 알고, 완전 새롭거나 크게 변화하는 일도 없으니 날짜나 기획 내용 정도만 바뀌고, 업무 절차나 진행 순서는 거의 비슷하다고 보면 됩니다. 5월 대학 축제를 예로 들자면, 축제를 기획하기 전에 담당자는 전체 회의에서 5월 축제 준비를 진행한다고 말씀드리고 작년에는 어떻게 진행했는지 간략하게 브리핑하고 올해는 어떤 방향으로 할지 이야기합니다. 본격적으로 업무를 진행하면 기획서를 작성하여 팀장님과 함께 축제 관련 회의를 진행하고, 필요한 내용들을 실행하죠. 결재 절차도 대부분 비슷한 형태로 구현되는 것 같습니다.

Q 현재 어떤 방식으로 업무를 진행하고 있나요?

A 사내 그룹웨어를 사용하고 있습니다. 메신저, 이메일, 일정 관리 서비스, 게시판 등을 이용해 동료들과 협업하고 있습니다.

Q 말씀하신 방법에서 불편함을 느끼신 부분은 무엇인가요?

A 협업을 하고 있다고는 하지만 소통을 위한 연락일 뿐 진행 상황을 한 눈에 파악할 수 없어 매번 협업하는 동료들끼리 어떻게 진행되고 있는지 물어봐야 합니다. 문서로 일을 하는 게 맞지만, 문서의 작성 상태나 상황을 확인할 수 없어 메신저나 이메일 또는 대면으로 물어보곤 합니다. 학교 전체 일정 중에서도 부서별로 시작 일정이 다른데, 전사 일정을 기준으로 움직인다고 해도 학교 일정에 따라 달라지는 것이라 고정된 하나의 전체 학교 일정이 필요합니다. 올해 학교 일정이 공개된 이후 부가적인 일정들도 추가할 수 있게 보고 싶어요.

전체 사용하는 파일들은 담당자의 로컬 PC에 저장되어 있어 파일이 필요하면 매번 요청해야 합니다. 이 과정에서 해당 직원이 부재중이기라도 하면 업무가 미뤄지는 경우도 종종 생깁니다.

Q 불편함을 느낀 부분은 어떻게 변경하고 싶으신가요?

A 학교 일정을 한눈에 파악하고 싶습니다. 학교 일정이 모든 임직원에게 공개되어서 해당 일정과 부서별 일정, 개인 일정을 한 번에 파악할 수 있게 만들고 싶어요. 파일도 담당자의 로컬 PC가 아닌 클라우드에 저장해 두고 위치만 알면 누구나 열람할 수 있게 만들고 싶습니다. 그룹웨어의 메신저가 불편합니다. 임직원들이 거부하지 않는 다른 메신저를 이용해 보고 싶습니다. 현재 학교에서 구글 워크스페이스를 제공해 주고 있어서 적극 활용해 보고 싶습니다.

이번 컨설팅에서는 구글 워크스페이스를 사용할 수 있다는 반가운 소식이 있었습니다. 현재 업무 방식을 살펴보니 학사 일정 전체를 개인 일정과 함께 파악할 수 없고, 파일을 담당자만 가지고 있어서 찾기가 쉽지 않으며, 프로젝트 진행 상황을 한눈에 알 수 없는 것으로 보입니다. 그룹웨어의 메신저에도 문제가 있고요. 이 문제들은 구글 워크스페이스로 모두 해결할 수 있습니다.

학사 일정은 학교 홈페이지에 모두 공개되겠지만, 구글 워크스페이스에 포함된 구글 캘린더에서 공개 캘린더를 활용하는 걸 추천했습니다. 임직원은 공개된 구글 캘린더의 일정을 본인의 구글 캘린더와 겹쳐서 볼 수 있습니다. 탁상 달력이 아니라 구글 캘린더로 업무 일정을 관리하는 것이므로 학사 일정을 기준으로 본인의 업무 시작일과 남은 일정을 한눈에 파악할 수 있죠. 구글 캘린더에서 확인 중인 캘린더의 체크박스를 한 번 클릭하기만 하면 해당 일정을 가리거나 다시 표시할 수도 있으니 편리합니다. 또한 학사 일정 캘린더를 공개 캘린더로 전환하여 학생들에게 제공함으로써 학생들도 학사 일정을 쉽게 파악할 수 있습니다.

파일 관리 역시 구글 드라이브의 데스크톱 앱을 이용하도록 추천했습니다. 파일을 생성한 사람이 본인의 로컬 PC에만 저장하면 본인도 파일 관리가 어렵고, 동료들과 협업하기도 힘듭니다. 그러나 구글 드라이브 데스크톱 앱을 활용하면 로컬 PC에 파일을 저장하는 형태지만 구글 드라이브에도 자동으로 업로드되므로 파일 공유가 훨씬 편해집니다. 재택근무나 원격근무, 외부 일정 중에도 작업하던 문서에 접근할 수 있습니다.

메신저는 구글 워크스페이스의 구글 챗을 추천했습니다. 구글 챗을 이용하면 구글 드라이브에서 생성한 파일들을 쉽게 주고받을 수 있으며, 일정 관리나

할 일, 구글 미트를 이용한 화상 회의 진행도 편리하게 활용할 수 있습니다.

구글 워크스페이스는 여기서 설명한 기능 이외에도 다양한 기능을 포함하고 있으므로 임직원들을 대상으로 교육을 진행한다면 훨씬 편리한 업무 생활을 구현할 수 있습니다.

📤 협업 도구를 써도 제대로 협업이 되지 않는 이커머스 업체

Q 현재 진행하고 있는 전체 업무의 프로세스를 설명해 주실 수 있으신가요?

A 저희는 네이버 스마트스토어를 통해 제품을 판매 중인 이커머스 업체입니다. 제품을 직접 기획해 만들기도 하고, 알리바바나 아마존 등 해외의 저렴하고 좋은 제품들을 사입하여 마케팅 후 판매하고 있습니다. 업무 프로세스는 다음과 같은데, 우선 국내에 판매가 잘될 것 같은 제품에 대해 자료를 조사합니다. 판매 계획과 함께 자료가 조사된 이후 판매, 광고 등 마진율을 계산하고 샘플을 이용해 마케팅용 상세 페이지를 제작합니다. 이후 판매부터 정산까지 업무를 진행합니다. 제품 판매 및 마케팅 외에도 고객 경험을 관리하거나 직접 상품을 개발하는 등 다양한 업무를 진행하고 있습니다.

Q 현재 어떤 방식으로 업무를 진행하고 있나요?

A 현재는 대부분 구글 시트와 구글 문서로 업무를 진행하고 있습니다. 가끔 노션을 사용하기도 하는데, 간단한 메모용으로만 사용합니다. 메신저는 카카오톡을 이용하고 외부 업체와 연락을 할 때는 전화나 이메일을 이용하고 있습니다. 파일은 구글 드라이브에 모아 두고 있습니다.

Q 말씀하신 방법에서 불편함을 느낀 부분은 무엇인가요?

A 업무 진행 상황을 파악하기 어렵습니다. 혼자 일하는 게 아니라 10명 정도의 직원들이 한 번에 여러 프로젝트를 진행하다 보니 어떤 제품이 현재 기획 단계인지, 제품 소싱 단계인지, 마케팅 단계인지, 판매인지, 보류인지 등을 파악하기 어렵습니다. 메신저는 카카오톡을 많이 이용하는데 직원들끼리 개인적으로도 친하게 지내다 보니 밤낮없이 대화도 하는 것 같습니다. 각 프로젝트가 어떻게 진행되고 있는지, 주요 일정은 언제인지 한눈에 파악하고 싶습니다. 거래처 관련 정보를 입력해도 누군가는 엑셀이 편해서 엑셀에, 누구는 구글 시트에, 누구는 노션에 하기 때문에 같은 내용의 정보라도 모두 흩어져 있는 느낌을 받고 있습니다. 거래처 정보나 외부 업체 리스트는 연락처가 변동되거나 담당자가 변경되면 바로 연락처를 업데이트하고 기록으로 남겨야 하는데 대부분 개인용 메신저에서 한 번 업데이트하고 말기 때문에 자료 업데이트가 되지 않아 검색에 어려움을 겪고 있습니다.

Q 불편함을 느낀 부분은 어떻게 변경하고 싶으신가요?

A 프로젝트 진행 상황을 한눈에 보고 싶습니다. 어떤 제품이 기획, 마케팅, 제품 소싱, 디자인, 판매 준비, 판매 중, 판매 완료 등 현재 어떤 상황인지 바로 파악하고 싶습니다. 현재 진행 중인 프로젝트에 대해서 진행률도 함께 볼 수 있으면 좋을 것 같습니다. 현재 우리 회사의 상황에 적합한 메신저를 이용하고 싶습니다. 개인용 메신저는 익숙하고 빨라서 편하긴 하지만 공사 구분이 되지 않아서 직원들이 스트레스를 받고 있습

니다. 현재 사용 중인 업무 도구와 잘 어울리는 업무용 메신저를 이용하고 싶습니다. 주요 제품의 매출 데이터를 시각화해서 보고 싶습니다. 매일 아침 판매 데이터를 모아서 아침마다 브리핑을 진행 중입니다. 전날 실적 데이터를 한 사람이 취합하고 있는데, 이를 대시보드 형태로 한눈에 보고 싶습니다.

이번 컨설팅 사례는 가장 일반적인 조직의 상황이라고 할 수 있습니다. 프로젝트 관리, 파일 관리, 문서 관리, 커뮤니케이션(메신저), 일정 관리가 정해진 시스템 없이 도구만 사용해서 진행되는 중이었죠. 구글 시트나 문서, 노션 같은 협업 도구를 이용해 업무를 하고는 있지만 조직 내에서 정해진 규칙 없이 업무를 진행하기 때문에 협업 도구를 써도 효율이 나오지 않는 상황입니다. 우선 메신저를 바꿔야겠네요. 구글 워크스페이스, 노션과 가장 잘 어울리는 업무용 메신저는 슬랙입니다. 2,000개가 넘는 봇을 활용해 슬랙 내부에서 다른 도구에서 진행되는 수정, 추가, 변경, 삭제 등의 알림을 받아볼 수 있습니다. 업무용 메신저이기 때문에 업무에 관련된 대화는 채널에서, 개인에 관련된 대화는 DM(Direct Message)으로 처리하여 업무와 개인 대화를 구분할 수 있기도 하죠. 워크플로 기능이 있기 때문에 간단한 내/외부 서비스와 자동화도 가능합니다.

그러므로 위 사례의 이커머스 조직에서 가장 쉽게 빠르게 적용할 수 있는 도구 조합으로 다음과 같이 슬랙, 구글 워크스페이스, 노션을 사용하도록 처방하였습니다.

- **커뮤니케이션:** 슬랙(내부), 지메일(외부), 구글 미트
- **문서 작성:** 노션, 구글 시트, 구글 슬라이드
- **파일 관리:** 노션, 구글 드라이브
- **프로젝트 관리:** 노션
- **일정 관리:** 노션, 구글 캘린더

위의 조합으로 업무를 진행하면 3개의 도구가 유기적으로 돌아가기 때문에 업무 진행 상황을 빠짐없이 체크하고 관리할 수 있습니다. 기록이 유실될 위험도 없죠. 구체적인 활용 방법을 간단하게 설명해 보겠습니다.

커뮤니케이션 내부 커뮤니케이션은 모두 슬랙으로 통일합니다. 급할 땐 전화를 할 수 있겠지만 슬랙에는 허들(Huddle)이라는 기능이 있어서 음성 통화도 할 수 있습니다. 외부 업체와 소통할 때는 지메일을 이용하고, 화상 회의가 필요하다면 구글 미트를 사용합니다. 메신저 도구로 구글 챗이 있지만 슬랙을 이용함으로써 외부 서비스와 연동, 자동화 등 훨씬 다양한 기능을 편리하게 활용할 수 있습니다.

문서 작성 문서는 가능한 한 노션에 작성합니다. 프로젝트 관리를 노션에 하기 때문에 프로젝트 진행 상황을 파악할 겸 문서까지 노션에 작성하면 접근성이 훨씬 좋습니다. 다만 방대한 데이터를 이용하거나, 복잡한 수식, 루커 스튜디오(실시간 보고서) 등을 연동한다면 구글 시트를 이용합니다. 노션에는 프레젠테이션 기능이 없기 때문에 슬라이드가 필요할 때 구글 슬라이드를 사용하면 됩니다.

파일 관리 파일은 노션과 구글 드라이브 2개로 나누어 관리할 수 있습니다. 노션에는 현재 진행 중인 프로젝트에 대한 파일을 모두 업로드합니다. 프로젝트의 진행 상황을 파악해야 하기 때문에 프로젝트를 진행하면서 파일이 생성될 때마다 노션에 저장해 두면 나중에 프로젝트가 종료되고 나서도 파일을 찾기 쉬워집니다. 구글 드라이브에는 구글 문서와 함께 노션에 저장한 파일의 백업 용도로 사용합니다. 프로젝트가 종료된 후 따로 정리해 두지 않으면 나중에 업무 파일들은 도저히 찾을 수 없는 상태가 될 수 있으므로, 프로젝트가 종료된 후에는 회고 이후 파일을 정리하여 구글 드라이브에 백업용으로 올려 놓는 것이 좋습니다.

프로젝트 관리 프로젝트 관리는 노션으로 합니다. 구글 워크스페이스에서는 프로젝트 관리를 위한 도구가 아직 부족하기 때문에 한눈에 시각적으로 파악할 수 있기 때문입니다. 노션 내에서 문서, 파일, 프로젝트의 일정 등도 모두 파악할 수 있으며, 댓글을 통해 커뮤니케이션도 할 수 있습니다. 또한 보기 방식과 필터, 정렬 등으로 시각화해서 프로젝트 상황을 볼 수 있기 때문에 가장 적합합니다.

일정 관리 일정 관리는 노션과 구글 캘린더로 합니다. 둘 다 일정 관리를 할 수 있지만 일정 관리의 목적이 다릅니다. 노션의 일정 관리는 프로젝트를 진행할 때 주요 일정이나 할 일의 시작일, 마감일을 보는 일정이고, 구글 캘린더를 이용하는 일정은 동료의 일정을 파악하기 위함입니다. 노션은 프로젝트에 관련된 정보를 모두 담기에 적합하지만 구글 캘린더에 프로젝트 세부 일정까진 넣을 수는 없기 때문입니다. 따라서 프로젝트에 관련된 일정은 노션에서, 사람에 관련된 일정은 구글 캘린더에서 관리하기를 추천합니다.

TIP 노션으로 모든 기능을 이용할 수 있는데, 노션만 쓰면 안 되나요?

노션으로 모든 기능을 이용할 수는 있습니다. 그러나 유명한 맛집이라고 모든 사람에게 맛있는 음식이 아니듯이 모든 기능이 다 편리하고 좋을 순 없습니다. 여러 프로젝트의 세부 일정을 관리하기에는 아직 부족함이 있고, 댓글 기능을 이용해 커뮤니케이션을 할 수는 있지만, 메신저나 이메일의 기능을 할 수는 없습니다. 또한 5GB의 파일을 무제한으로 올릴 수 있지만, 파일을 업로드하는 데 시간이 오래 걸리고 업로드한 파일을 한 번에 다운로드하거나 미리 볼 수 없는 등 기능들의 제한이 있기 때문에 만능이라고는 볼 수 없습니다. 협업 도구는 누군가가 최고라고 추천하는 것을 선택하기보다는, 내 업무 목적에 적합한 도구를 선택해서 사용하는 것이 좋습니다.

⤴ 디지털 업무 전환을 고민하는 컨설팅 회사

> **Q** 현재 진행하고 있는 전체 업무의 프로세스를 설명해 주실 수 있으신가요?
>
> **A** 의료기기 및 의약품 허가 컨설팅을 진행하고 있는 컨설팅 회사입니다. 국내/외 의료기기나 의약품을 출시하려면 국가의 허가를 받아야 하는데, 그때 각종 행정 처리, 허가, 승인 등을 진행할 수 있도록 돕는 컨설팅을 진행합니다.
>
> 업무 프로세스는 단순합니다. 고객 문의가 들어오면 고객과 상담합니다. 견적을 내기 위해 필요한 자료를 수집하면 내부 검토 후 계약합니다. 담당자가 고객, 제조사 등과 컨택하여 허가에 필요한 자료를 만들고 식약청에 제출하여 허가를 받으면 업무가 종료됩니다.
>
> **Q** 현재 어떤 방식으로 업무를 진행하고 있나요?
>
> **A** 계약 진행 후 배정되는 담당자마다 각자의 방식으로 업무를 진행합니다. 전화와 카카오톡이 편한 직원은 전화와 카카오톡으로, 이메일이 편한 직원은 이메일로 진행하고 있습니다.

Q 말씀하신 방법에서 불편함을 느낀 부분은 무엇인가요?

A 담당자가 휴가나 이직 등으로 부재 상태가 되면 기존 진행했던 업무 히스토리를 파악하기가 어렵습니다. 이메일로 진행했던 직원은 그나마 그룹웨어의 이메일 히스토리를 파악하면 되지만, 전화나 카카오톡으로 관련 자료를 주고받았다면 히스토리 파악은커녕 관련 자료를 확인할 수도 없습니다. 담당자가 사용하던 PC에 업무 자료들이 남아 있고, 파일 정리를 잘하던 직원이라면 다행이지만, 파일 정리를 잘하지 않는 직원이라면 정리되지 않은 산만한 자료들 중에서 필요한 것만 찾기가 쉽지 않습니다.

Q 불편함을 느낀 부분은 어떻게 변경하고 싶으신가요?

A 전 직원이 동일한 시스템으로 업무를 진행하고, 담당자가 변경되어도 업무 히스토리와 파일들을 한눈에 파악할 수 있는 업무 시스템을 얻고 싶습니다. 새로운 담당자가 들어오면 순차적으로 업무 시스템을 익힐 수 있는 온보딩 프로그램이나 누구나 쉽게 익힐 수 있는 업무 도구를 활용하고 싶습니다. 임직원들의 평균 나이가 30대 후반~40대 초반 정도라 컴퓨터 자체는 다룰 줄 알지만 노션, 구글 워크스페이스, 슬랙 같은 SaaS 도구에는 익숙하지 않고, 거부감을 느끼는 직원도 조금 있습니다.

이번 사례는 소통과 프로젝트 관리를 진행하는 업무 시스템을 구축하고 싶으나 구성원의 연령대가 높아 복잡한 SaaS 프로그램은 이용하지 못하는 상황이었습니다. 업무 특성을 보면 노션과 슬랙, 구글 워크스페이스를 이용하면 훨

썬 효율적으로 변할 수 있을 것 같았습니다. 그러나 구성원이 SaaS에 적응하기 어렵다는 고충을 이야기했으며, 아무리 좋은 도구를 사용해도 도구의 사용법이 익숙하지 않거나 불편함을 느낀다면 관성처럼 이전의 업무 방식으로 돌아올 가능성이 높습니다. 그러므로 간단하면서도 익히기에 어려움이 적은 플로우(flow.team)를 추천했습니다.

플로우는 프로젝트 관리와 메신저가 합쳐진 형태의 SaaS 도구로, 이미 만들어진 업무 방식에 이름만 바꿔서 사용하는 형태로 사용하기가 단순하고 쉽습니다. 프로젝트를 만들고, 그 안에 할 일을 만듭니다. 할 일에는 해당 프로젝트를 진행하기 위한 업무를 넣어 두면 되죠.

이 사례의 컨설팅 회사에 적용한다면 하나의 프로젝트가 하나의 고객사가 되고, 고객사별로 진행 중인 할 일들과 업무 파일, 히스토리 등을 모두 업로드할 수 있습니다. 일정과 담당자, 장소 등을 입력할 수 있기 때문에 업무 히스토리를 쌓을 수 있습니다. 고객사 직원분들을 초대하는 것도 가능하기 때문에 파일을 주고받을 때 이메일을 사용하지 않고 플로우 내에서 각자 필요한 자료를 업로드하고 피드백을 받을 수도 있죠. 또한 메신저 기능이 있어서 손쉽게 대화를 주고받을 수도 있습니다. 플로우는 국내 회사가 만든 제품이기 때문에 기능에 대한 어려움 등은 플로우 고객 센터에 문의하여 답변을 받을 수 있습니다. 기본적으로 제공되는 커스터마이징이 적은 대신, 구성이 탄탄하게 만들어져 있어 새로운 도구 사용에 어려움을 겪는 분들도 쉽게 익힐 수 있습니다.

왜 기존 업무 방식을
벗어나지 못할까?

물리적 제약이 사라진 지금은 언제 어디서나 업무를 처리할 수 있습니다. 예전에는 노트북이 25kg이나 했지만 이제는 1kg 정도로 가벼워져 쉽게 휴대할 수 있게 되었고, 이메일을 활용하면 물리적인 거리에 상관없이 몇 초 만에 계약서를 보낼 수 있게 되었으며, 더욱 나은 성능의 소프트웨어가 지속적으로 출시되고 있습니다. 이처럼 지속적으로 기술이 발전함에도 불구하고 여전히 2000년대 식의 업무 방식으로 일하고 있는 조직들이 많습니다. 그 원인을 들여다보면 대부분 다음과 같은 요인이나 관리자의 성향이 크게 좌우하고 있습니다.

데이터 이관 문제에 대한 고민

오랜 기간 같은 이메일과 그룹웨어를 써온 조직이라면 중요한 정보들을 모두 한곳에 담고 있을 것입니다. 모든 정보를 새로운 도구로 옮기기에는 많은 어려움이 따르겠죠. 그러므로 ==새로운 도구를 도입할 때는 정보를 모두 한 번에 옮긴다는 생각을 버려야 합니다.== 지금 당장 필요한 자료만 옮기고 새로운 도구에서 새롭게 만들어가는 거죠. 그렇다고 기존에 사용하던 도구를 완전히 폐쇄하는 것도 아닙니다. 기존에 사용하던 도구는 조직의 오랜 정보를 담고 있으니 최소한의 계정과 관리자 권한을 남겨서 유지하는 것이 좋습니다. 모든 정보를 옮기려고 생각하고 있었다면, 생각하는 것만으로 지쳐서 결국 기존 업무 방식을 유지하게 될 것입니다.

일상이 되어 버린 비효율적인 업무 방식

수년간 하나의 도구를 사용했다면 해당 도구에 관한 노하우가 많이 쌓였을 것입니다. 예를 들어 어느 회사에 지금까지 거쳐 간 여러 구성원의 노하우가 집약된 엑셀 파일이 하나 있습니다. 이 파일은 담당자가 바뀔 때마다 발전을 거듭하여 매우 복잡한 수식이 포함되어 있습니다. 그래서 원하는 결과는 정확하게 얻을 수 있으나, 복잡한 수식 때문에 데이터를 입력하고 결과를 얻는 데까지 불필요한 시간이 소모됩니다. 하지만 지금까지 이 파일을 잘 사용해

오던 기존 사용자들 입장에서는 전혀 불편함을 느끼지 못합니다. 익숙해졌기 때문이죠. 그러나 신규 입사자가 이 엑셀 파일을 사용하려고 하면 일단 수식을 파악하는 데 오래 걸리고, 느린 실행 속도에 당황하게 될 것입니다. 또한 이 엑셀 파일의 사용법을 익히다가 수식을 잘못 건드려 데이터를 날리는 등의 시행착오를 겪습니다. 그렇게 또 시간이 지나면 익숙해져서 잘 사용하게 되겠죠. 이런 일이 계속 반복될 것입니다. 분명 더 쉽고 간단하게 처리하는 시스템을 만들 수 있음에도 기존 근로자들은 새로운 것에 대해 거부감이 생깁니다. 새로운 시스템으로 현재 조직에서 자신의 입지가 바뀔 수도 있으니까요.

협업 도구의 도입 비용

기업들이 협업 도구를 도입할 때 큰 고민 중 하나는 비용입니다. 기존에 사용하던 도구들은 이미 비용이 모두 지불되었기 때문에 추가 비용을 들일 일이 거의 없습니다. 하지만 새로운 도구를 도입하려면 초기 비용이 듭니다. 게다가 요즘 출시되는 도구들은 대부분 구독(Subscription) 모델이어서 월 단위 또는 연 단위로 결제를 진행하고, 구성원 1명당 매월 적게는 5,000원에서 많게는 3만 원 이상을 지불해야 합니다. 조직의 구성원 수가 많아질수록 비용이 커지는 구조라 그 비용이 아깝게 생각될 수도 있습니다. 하지만 협업 도구를 사용해서 나오는 성과를 생각하면 결코 큰 비용이 아닙니다. 오히려 구성원이 많을수록 불필요한 의사소통 시간을 단축시킬 수 있으므로 훨씬 더 많은 일을 효과적으로 처리할 수 있습니다. 그러므로 협업 도구를 도입하기로 마음을 먹었다면 우선 변화될 조직의 생산성과 효용성을 생각해 보기 바랍니다. 그 비용은 결코 아깝게 느껴지지 않을 겁니다.

사일로 현상에 의한 정보 공유 제한

기업들이 기존의 업무 방식을 벗어나지 못하는 이유 중 정보의 제한도 있습니다. 사내에서도 직급에 따라, 부서에 따라 정보를 제한해야 하는 회사들이 있습니다. 정보가 유출되면 손해를 입거나 타 부서 사람들이 더 이익을 갖기 때문이기도 한데, 협업 도구를 이용하면 정보의 공유가 쉽기 때문에 자칫하다가 정보가 외부로 쉽게 새어나갈 수 있어서 변경하지 못하는 곳들이 많습니다. 이럴 때에는 정보의 공유를 활성화하기보다는 공유해도 되는 정보와 공유하지 않아야 할 정보를 먼저 구분해 보고, 공유해도 되는 정보를 기준으로 협업 도구를 이용해 보는 방법과, 세부 권한 설정이 가능한 도구를 이용하는 방법이 있습니다. 공유 문제 때문에 협업 도구를 아예 사용하지 않는다면 기존의 정보를 지키기 위해 계속 도태되는 삶을 살아가는 셈입니다. 협업 도구 중에서도 세부 권한 설정이 가능한 도구가 많이 있으니 조금씩 이전해 보는 걸 추천드립니다.

TIP 사일로 현상은 '부서 이기주의 현상'이라고 의역되며, 사일로 현상이 만연하면 부서와 조직 간에 벽을 쌓고 소통과 통합에 문제가 발생한다고 합니다. 자세한 내용은 동아비즈니스리뷰의 다음 사설 〈조직의 적폐, '사일로'를 청산하라〉를 참고하세요. https://dbr.donga.com/article/view/1201/article_no/8175/ac/magazine

낯선 업무 도구의 사용에 대한 두려움

직원들이 새로운 업무 도구 자체에 두려움을 느끼는 경우도 많습니다. 실제로 강의나 컨설팅을 진행할 때 가장 많이 보이는 케이스 중 하나입니다. 장기 근속한 직원이 많을수록, 회사 전체 연령대가 높을수록 보이는 현상이죠. 처음부터 한글, 워드, 엑셀, 파워포인트로 업무를 해 왔고, 종이 서류가 훨씬 익숙한 분들도 있습니다. 그런데 하루 아침에 처음 보는 업무 도구를 사용하라고 하면 걱정을 넘어 두려움을 느끼게 될 수도 있습니다. 하지만 그런 두려움은 익숙하지 않은 데서 나오는 것이고, 아무리 낯설더라도 결국 자주 들여다보면 해결할 수 있습니다. 시대에 따라 다르겠지만 토큰이나 현금을 주고 버스를 타다가 이제는 교통카드를 찍는 게 일상이 된 것처럼 도구는 사용할수록 익숙해지고, 익숙해지면 편해지기 마련입니다. 여러분이 지금은 수월하게 사용하는 엑셀이나 카카오톡도 다 그런 과정을 거쳐 익숙하고 편해진 것이죠. 업무 도구는 나를 두렵게 만드는 존재가 아니라 <mark>친해지면 나를 더욱 편하</mark> <mark>게 만들어 주는 존재</mark>라고 생각해 보길 바랍니다.

업무 시스템 변화에 따른 차이

업무 시스템이나 도구 활용의 차이가 업무 진행에 어떤 영향을 미치는지 간단하게 살펴보겠습니다. 다음 업무 흐름도를 보면 우리가 일반적으로 업무를 요청하는 방식은 왼쪽입니다. 대표나 팀장이 업무를 파악하기 위해 기획서를 보내 달라고 하면 팀원은 보낼 파일을 찾습니다. 바로 찾으면 다행이지만, 본인에게 파일이 없다면 또 다른 동료에게 파일의 위치를 묻게 됩니다. 그러면 그 다음 동료라도 빠르게 파일을 찾으면 다행인데, 이번에도 또 다른 동료에게 확인해야 한다면 어떨까요?

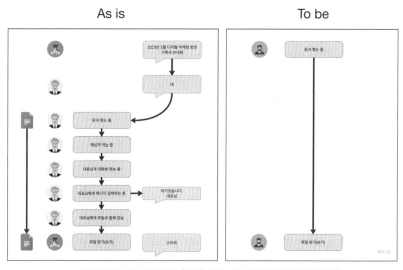

▲ 파일 기반의 기존 업무 방식(왼쪽)과 링크를 이용한 업무 방식(오른쪽)

파일을 원하는 사람은 한 명인데 그 한 명 때문에 조직의 업무가 마비되는 것입니다. 우여곡절 끝에 파일을 찾은 후에는 팀장에게 파일과 함께 메시지를 보낼 것입니다. 팀장은 가만히 있다가 고맙다고 한 마디 보냅니다. 이번에는 오른쪽 이미지를 보면 파일을 원하는 사람이 누군가에게 요청하지 않고 직접 검색합니다. 공용 드라이브에서 파일을 관리한다면 때 파일 이름이나 파일에 포함된 내용, 작성자 등 다양한 정보를 이용해 파일을 찾습니다. 폴더링이 잘되어 있다면 키워드를 몰라도 폴더 구조에서 원하는 파일을 찾을 수 있죠. 도저히 찾을 수 없을 때 물어보는 것이 적절한 업무 시스템입니다. 드라마 〈미생〉을 보면 주인공 '장그래'가 각종 샘플과 사업 아이템 폴더를 정리하는 업무를 받자, 자신만의 기준으로 폴더를 구분하는 에피소드가 있습니다. 이처럼 조직의 폴더 규칙은 업무를 정리할 때 아주 중요하게 작용합니다.

앞 페이지에서 왼쪽과 같은 업무 방식은 파일이 움직이는 시스템입니다. 왼쪽을 보면 사람은 가만히 있는데 파일이 여기저기로 움직입니다. 이렇게 되면 파일이 이동하는 중에 유실될 수도 있고, 내 손에서 벗어난 파일이 누구의 손을 거쳐 완전히 다른 모습으로 돌아올 수도 있습니다. 파일이 없어지는 경우도 있죠. 기존의 업무 방식을 유지하면 자주 발생하는 현상입니다.

다음 페이지에서 오른쪽 그림이 바로 추천하는 업무 방식입니다. 파일은 가만히 있고 필요한 사람이 그 파일을 찾아가는 방식이죠. 요즘에는 파일을 요청하면 파일 자체를 보내는 것이 아니라 링크를 보내는 일도 잦습니다. QR 코드로 접속하거나 짧은 링크를 이용해 접근할 수도 있죠. 이런 방식들이 파일은 그대로인데 필요한 사람이 해당 파일에 접근하는 방식입니다.

링크는 해당 파일로 접근할 주소를 만들어 줄 뿐, 파일은 생성자가 업로드해 둔 곳에 그대로 있죠. 이런 방식이라면 파일은 항상 최신 상태를 유지하여 유실될 위험이 적고, 고유 링크가 있기 때문에 링크를 아는 사람이라면 누구나 그 파일을 볼 수 있게 됩니다. 또한 클라우드 스토리지 등 파일을 관리하는 도구에서 권한 설정을 하여 접근을 차단할 수도 있죠. 최근의 협업 도구들은 대부분 클라우드 개념을 도입하였기 때문에 이러한 업무 시스템을 구축할 수 있습니다. 클라우드의 개념에 대해서는 2장에서 자세히 알아보겠습니다.

As is

To be

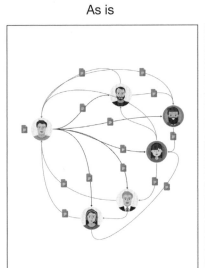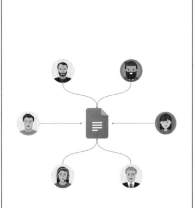

▲ 파일을 각자에게 전달하는 방식(왼쪽)과 클라우드로 파일을 공유하는 방식(오른쪽)

Memo

2장

처방:
주요
협업 도구

클라우드와 SaaS 시스템의 이해

클라우드란 무엇인가?

클라우드는 인터넷에 마련된 가상의 저장 공간입니다. 하늘에 둥둥 떠 있는 구름을 전 세계 어디에서나 볼 수 있듯이 가상의 저장 공간인 클라우드도 어디에서나 접근하여 데이터를 관리할 수 있습니다. 클라우드를 사용하기 전에는 로컬 드라이브, 예를 들면 C드라이브나 D드라이브와 같이 컴퓨터에 있는 저장 공간에 데이터를 저장했습니다. 또한 데이터를 이동해야 할 때면 USB와 CD-ROM 같은 저장 장치를 이용했습니다. 하지만 클라우드가 등장하면서 더는 로컬 드라이브나 이동식 저장 장치를 사용할 필요가 없습니다. 인터넷 속 가상 저장 공간인 데이터 센터, 즉 클라우드에 파일을 저장하면 됩니다. 클라우드에 저장하면 언제 어디서나 인터넷만 연결되어 있다면 파일에 접근할 수 있습니다. 그러므로 당장 내 컴퓨터가 고장이 나더라도 모바일, 태블릿, 혹은 다른 컴퓨터를 이용해 클라우드에 접속하기만 하면 보관 중인 파일을 확인할 수 있게 되는 것입니다. 또한 클라우드와 동기화 기능을 사용한다면 인터넷이 연결되어 있지 않더라도 내 컴퓨터에 동기화된 파일을 사용할 수 있지요.

이러한 클라우드 산업을 선도하는 대표적인 곳이 바로 아마존과 마이크로소프트로, 아마존은 AWS(Amazon Web Services), 마이크로소프트는 애저(Azure)라는 클라우드 서비스를 제공하고 있습니다. 이 외에도 구글의 GCP(Google Cloud Platform), 네이버의 Ncloud, 카카오 클라우드가 있습니다. 한국수출입은행의 보고서에 따르면 글로벌 클라우드 시장 규모가 2021년 기준 7,066억 달러이며, 높은 성장률(연평균 성장률: 16.9%)을 유지하여 2025년에는 1.3조 달러에 도달할 것으로 전망합니다. 또한 2020년 국내 기준 클라우드 시장 규모는 3.3조 원에 달하며, 연평균 18.4%씩 성장 중입니다. 미디어/방송, 인터넷/전자상거래, 게임, 공공, 교육/학교, 통신/IT 서비스, 유통/물류, 금융, 제조/건설 등 다양한 분야에서 클라우드 서비스를 도입하여 사용 중이거나 구축 중에 있습니다.

클라우드를 이용했을 때 장점

클라우드 서비스를 사용했을 때 가장 큰 장점은 데이터의 유실에 대한 염려가 줄어든다는 것입니다. 컴퓨터의 로컬 드라이브에 파일을 저장했을 때는 컴퓨터 자체가 고장나거나 컴퓨터의 저장 장치에 문제가 생겼을 때 해당 데이터를 사용할 수 없게 됩니다. 하지만 클라우드는 인터넷만 연결되어 있으면 언제 어디서든 접근할 수 있죠. 또한 각 클라우드 서비스는 데이터 센터에 문제가 생겼을 때를 대비해서 다양한 경로로 데이터를 백업 및 보관하고 있으므로 데이터 유실에 대한 염려를 내려놔도 됩니다.

기업의 입장에서는 IT 설비 관련 간접 비용을 많이 절감할 수도 있습니다. 자체 서버를 운영하면 서버 운영 인력과 설비, 유지, 보수 등 다양한 형태로 비용이 발생합니다. 그러나 클라우드 서비스를 이용하면 클라우드 제공 업체(아마존, 마이크로소프트 등)가 모두 전담하기 때문에 서비스 이용 비용 정도만 부담하면 됩니다. 이는 자체 서버를 구축하는 비용보다 훨씬 저렴해, 소규모 기업일수록 효과적입니다.

TIP 클라우드 기술의 핵심 원리는 가상화(Virtualization)입니다. 가상화 기술이 나오기 전에는 서버를 만들면 해당 서버 하나만 사용할 수 있었는데, 가상화 기술을 이용하면 서버 내에서 가상 서버를 추가로 만들 수 있죠. 예를 들어, 아마존에서 데이터 센터를 개방해서 누구나 쓸 수 있도록 만든 방식입니다. 이전에는 선착순으로 1명만 데이터 센터를 이용할 수 있었는데, 이제는 그 데이터 센터에 가상 공간을 생성하여 삼성 전용 데이터 센터 공간, LG 전용 데이터 센터 공간, 롯데 전용 데이터 센터 공간 이런 식으로 신청하는 기업의 전용 가상 공간을 만들어 줄 수 있습니다.

클라우드의 서비스 모델

IaaS, PaaS, SaaS는 지금까지 설명한 클라우드 서비스의 대표적인 모델 3가지입니다. 우선 IaaS(Infrastructure as a Service)는 클라우드 서비스 중 서버와 저장소만 임대하는 모델입니다. IaaS를 이용하는 기업은 서버 내에 자체 응용 프로그램을 구축할 수 있죠. 반면, PaaS(Platform as a Service)는 개발 도구, 인프라, 운영체제와 같이 응용 프로그램을 구축할 때 필요한 것을 임대합니다. 다음으로 SaaS(Software as a Service)는 기업이 만든 애플리케이션 자체를 클라우드 서비스의 서버에서 사용할 수 있도록 공간을 마련해 주는 방식입니다. 이 3가지 모델을 부동산에 비유해 보면 각각 다음과 같습니다.

- **IaaS**: 부동산에서 땅과 텅 빈 건물 또는 건물 뼈대를 빌려주는 것과 같습니다. 가상 서버, 스토리지, 네트워크 리소스 같은 것을 포함합니다.
- **PaaS**: 텅빈 건물이나 건물 뼈대를 IaaS에서 빌린 후 인테리어 같은 내부 구조를 설계하는 것에 비유할 수 있습니다. 애플리케이션 코드를 작성하고 배포할 수 있습니다.
- **SaaS**: 완성된 집 자체를 임대. 사용자는 몸만 가서 사용하면 되는 풀 옵션이며, 서비스, 소프트웨어 등을 말합니다.

📤 우리가 주목해야 할 SaaS

클라우드 서비스 모델 중 SaaS를 이용하면 회사에서 사용할 애플리케이션 인프라를 사용자의 컴퓨터에 설치하지 않고 클라우드 서비스에 설치하게 됩니다. 그러므로 사용자는 클라우드 서비스에 접속할 때 사용할 기본 인프라만 설치하면 됩니다. 이렇게 클라우드를 이용하면 애플리케이션 공급자는 서버를 따로 관리하지 않아도 되서 비용이 절감되고, 사용자는 적은 용량으로 원하는 서비스를 이용할 수 있어 편리합니다. 이때 클라우드 서비스는 인터넷을 이용해 접속하기 때문에 인터넷 속도가 접속 및 사용성에 큰 영향을 미칩니다.

대표적인 SaaS 사례

SaaS 모델의 대표적인 사례가 바로 유튜브(YouTube)나 넷플릭스(Netflix)입니다. 유튜브를 예로 들면 유튜브의 영상은 모두 구글의 데이터 센터인 GCP에 보관되며, 사용자는 유튜브 앱만 설치하여 해당 데이터 센터에 접근한 후 영상을 보는 것입니다.

인터넷으로 연결만 하면 해당 클라우드 서비스의 데이터 센터에 있는 영상 데이터를 실시간으로 시청할 수 있게 됩니다. 여기서 IaaS와 차이도 확인할 수 있습니다. 만약 IaaS 서비스였다면 우리는 영상 파일을 재생할 유튜브라는 사이트를 직접 만들어야 할 것입니다.

또한 우리가 지인에게 유튜브에 있는 영상을 공유하고 싶다면 어떻게 해야 하나요? [공유] 버튼을 클릭한 후 해당 URL만 전달하면 되죠. 이 URL은 해당 유튜브 영상의 고유한 주소입니다. 사람으로 따지면 주민등록번호와 같은 것입니다. 영상 파일 자체가 없어지지 않는 한 이 주소는 바뀌지 않습니다. 이 외에도 인스타그램에 사진을 공개 상태로 업로드하면 자신뿐만 아니라 누구나, 어떤 기기에서나 사진을 볼 수 있습니다. 인스타그램 역시 SaaS 서비스이기 때문입니다.

우리가 사용할 협업 도구 대부분은 SaaS

유튜브, 인스타그램, 넷플릭스와 같은 SaaS 기반 서비스의 공통점은 언제 어디서나 손쉽게 활용할 수 있다는 점입니다. 그렇다면 SaaS 서비스를 이용해 업무 자료를 클라우드에 정리하면 어떻게 될까요? 사무실에 있는 내 자리, 내 컴퓨터의 개념이 바뀌게 됩니다. 꼭 사무실이 아니더라도 집에 있는 컴퓨터, 혹은 출장지의 태블릿에서도 업무 내용을 확인하고 처리할 수 있습니다. 내가 만든 자료뿐만 아니라 동료가 만들어 공유해 준 자료든, 퇴사한 이전 담당자가 만든 자료든 클라우드에 보관되어 있다면 따로 백업할 필요도 없습니다. 파일을 전달해 달라거나, 어디에 있는지 묻는다거나, '수정 → 전달 → 피드백 → 전달 → 수정'의 반복 작업도 실시간 공유 및 편집 기능으로 대폭 간소화됩니다. 불필요한 커뮤니케이션 시간이나 비용을 크게 감소되는 것이죠.

SaaS 협업 도구의 대표적인 사례

SaaS를 이용한 협업 도구는 정말 많습니다. 대표적으로는 구글 워크스페이스, 슬랙, 마이크로소프트 365, 노션, 네이버웍스 등이 있죠. 이 도구들은 업무에 필요한 파일, 일정, 문서, 커뮤니케이션, 프로젝트 관리, 게시판, 할 일 등 다양한 용도로 사용할 수 있습니다. 구글 워크스페이스에 포함되어 있는 구글 드라이브는 대표적인 클라우드 스토리지 서비스이자 파일 보관 서비스이며, 세일즈포스의 슬랙은 글로벌 대표 업무용 메신저 서비스입니다. 마이크로소프트 365는 직장인이라면 누구나 알고 있는 워드, 엑셀, 파워포인트부터 커뮤니케이션 도구인 팀즈, 클라우드 스토리지 서비스인 원드라이브, 일정 관리 도구인 아웃룩 등을 포함하고 있습니다. 도구 소개는 이후 102쪽부터 자세히 설명합니다.

📤 SaaS 협업 도구를 도입할 때 우선 고려해야 할 2가지

SaaS 협업 도구를 도입할 때 조직에서 가장 우려하는 바는 크게 2가지입니다. 데이터 이관과 보안 문제죠.

데이터 이관은 순차적으로 진행한다

기존에 사용하던 파일이나 업무 데이터를 모두 SaaS 도구로 옮기려니 자료가 너무 방대해서 현실적으로 불가능하다는 의견이 많습니다. 협업 도구를 사용하기 시작하여 자료를 이관할 때 지금까지 제작된 모든 자료를 한 번에 이관하는 것은 좋지 않습니다. 도입하려고 하는 협업 도구가 막상 사용해 보니 우리 조직에 맞지 않아서 다시 바꿔야 할 수도 있기 때문입니다. 또한 오랜 전부터 쌓아 온 업무 자료는 대부분 혹시 모를 일에 대비한 백업용(보험용)이므로, 정말 간혹 열람하는 정도이기 때문에 모두 새로운 도구로 옮기는 것보다는 기존 도구에 유지하면서 관리하고, 새로운 도구에는 새로운 업무 데이터만 쌓아 가는 것을 추천합니다. 그렇게 새로운 협업 도구를 사용해 보면서 조직에 적합하다고 확신이 생기면 그때 필요한 자료들을 순차적으로 이관하면 됩니다.

보안의 최대 적은 개인의 부주의다

SaaS 기반의 협업 도구를 사용하고자 할 때 우려되는 또 하나는 업무 자료의 유출과 같은 보안 문제입니다. 대부분의 클라우드 서비스는 강력한 보안 규정을 준수합니다. 요즘은 데이터를 통해 산업을 영위하는 시대이므로 데이터 보안은 더욱 큰 이슈가 되었죠. 클라우드 서비스 공급자는 API 활동 모니터링, 웹 애플리케이션 방화벽, 보안 이벤트 트리거, 키(Key) 관리, 암호화, 방화벽 등의 클라우드 자체 보안 기능을 갖추고 있으며, SaaS 서비스는 국제 보안 표준인 ISO/IEC 27001, ISO/IEC 27017, SOC 2/3, FedRAMP 등의 다양한 인증서를 보유하고 있죠. 한마디로 SaaS 기반 서비스의 보안이 기업에서 자체적으로 관리하는 것보다 더 철통 같다고 할 수 있습니다.

사실 보안이 쉽게 뚫리는 대표적인 이유 중 하나는 개인의 부주의나 나쁜 의도입니다. 업무 자료를 개인이 유출하겠다고 마음만 먹는다면 SaaS를 이용하든 기존의 업무 방식을 유지하든 어떤 방식으로 일하든 대부분 막을 수 없습니다. 그나마 개인의 스마트폰에 보안 앱을 설치하고, 카메라를 사용하지 못하도록 스티커를 붙이고, 매번 건물을 나갈 때마다 스마트폰의 이상 유무를 검사하고, 고용계약서나 비밀유지계약서에 엄격한 보안 조항을 작성하는 등의 철저한 보안 대책으로 어느 정도 유출을 예방할 뿐입니다. 또한 개인의 업무 계정을 공용 PC에서 사용했다거나, 피싱에 걸리면 유출을 막기 어렵죠. 다만 사용 중인 서비스의 2단계 인증 로그인 방식이나 Okta 같은 사용자 인증 관리 서비스, 1Password와 같은 비밀번호 관리 솔루션을 이용함으로써 개인의 보안을 관리할 수는 있습니다.

협업 도구를 선정하는 기준

대부분의 조직에서 진행되는 기본 업무 5가지는 CDFPS로 표현할 수 있습니다.

- Communication: 커뮤니케이션
- Docs: 문서 관리
- File: 파일 관리
- Project: 프로젝트 관리
- Schedule: 일정 관리

그렇다면 위와 같은 기본 업무는 어떻게 해야 효율을 높일 수 있을까요? 어떻게 하면 같은 일을 하더라도 협업을 잘한다고 말할 수 있을까요? 한 가지로 명확한 솔루션을 이야기하라고 하면 쉽지 않습니다. 앞에 나온 컨설팅 사례에서 보았듯이 조직별로 업무 방식이 다르기 때문이죠. 따라서 여기서 소개하는 내용은 어느 조직에서나 공통적인 것들로 업무를 잘하는 방법과 하지 말아야 할 것들, 즉 배제해야 할 것들에 대해 이야기해 보겠습니다.

커뮤니케이션

커뮤니케이션 업무 효율을 높이려면 어떻게 해야 할까요? 가장 먼저 떠오르는 것은 역시 커뮤니케이션 도구의 일원화입니다. 대부분은 커뮤니케이션을 시작하는 사람이 선호하는 도구를 사용하기 마련입니다. 전화, 문자, 개인용 메신저, 이메일 등 다양한 도구로 커뮤니케이션을 할 수 있죠. 대화를 좋아하면 직접 만나거나 통화 등을 이용합니다. 하지만 이 방식은 기억력의 한계나 잘못된 기억으로 인해 업무의 방향이나 내용이 바뀔 우려가 있습니다. 반면, 문자, 메신저, 이메일 등을 이용하면 기록은 남으나 업무 요청 내용이 분산되어 불편할 수 있습니다. 따라서 커뮤니케이션 도구를 일원화하는 것이 중요합니다.

흔히 커뮤니케이션 도구로 카카오톡 메신저를 사용하는 곳이 많습니다. 문제는 카카오톡이 개인용 메신저라는 점입니다. 지인에게 보낼 내용을 회사 동료에게 보내거나 반대로 사내 기밀을 지인에게 보내는 등 실수가 발생할 수 있습니다. 무엇보다 개인용 메신저의 대표적인 단점은 대화방 개설 시 발생합니다. 한 팀에서 여러 프로젝트를 진행할 때 프로젝트별 대화 내용이 섞일 수 있습니다. 하나의 대화방에서 "기획서 파일 전달해 줘~"라고 하면 어느 프로젝트 기획서인지 다시 확인해야 합니다. 대화 내용뿐만 아니라 각종 자료들도 섞이므로 대화방 내에서 자료를 찾기도 불편합니다.

그래서 등장한 것이 업무용 메신저입니다. 슬랙, 잔디, 스윗(Swit) 등이 있죠. 업무용으로만 사용하는 메신저이므로 엉뚱한 수신자에게 잘못 전달할 일이 줄어듭니다. 또한 사람을 기준으로 대화방을 만드는 것이 아니라 주제 또는 프로젝트를 중심으로 대화방을 만듭니다. 그러므로 한 팀에서 여러 프로젝트를 진행하더라도 해당 프로젝트에 관여도가 적은 구성원은 해당 대화방에 참여하지 않아도 되죠. 프로젝트별 대화방에서 자료를 요청하면 추가로 질문하거나 혼선이 발생할 일도 줄어듭니다.

Note **효과적인 업무용 메신저 사용 요령**

업무 방식 개선을 위한 컨설팅을 진행하다 보면 여러 회사에서 업무용 메신저를 사용해도 커뮤니케이션의 효율이 나오지 않는다고 토로하곤 합니다. 원인을 분석해 보니 업무용 메신저의 기본 기능인 주제별 대화방만 사용하고, 구성원 사이에서 의사소통을 할 때는 개인용 메신저처럼 사용하고 있었기 때문이었습니다.

개인용 메신저를 한 번 확인해 보세요. 한 번에 어느 정도의 텍스트를 전송하든 별도로 요금이 발생하지 않습니다. 그렇다 보니 짧은 메시지를 여러 번 보내곤 합니다. 이와 같은 방식으로 업무용 메신저를 사용하면 구성원들은 불필요한 알림을 많이 받게 되고, 대화방의 스크롤도 길어져서 비효율이 발생할 수 밖에 없습니다. 그러므로 업무용 메신저에서는 이메일을 보내는 것처럼 사용해 보세요. 불필요한 인사말은 빼고, 목적을 한 줄로 요약해서 맨 위에 작성한 후 관련된 세부 내용을 포함하여 하나의 메시지로 전달하는 것입니다. 아래 예시처럼 말이죠. 또한 해당 메시지를 꼭 읽어야 하는 사람들을 모두 멘션(소환)합니다. 그리고 답변이 필요할 때는 메시지 스레드 기능을 이용하는 것이죠.

2023년 1분기 결과보고 미팅 요청
- **일시:** 2023년 3월 31일 14:00~15:00
- **장소:** B회의실
- **참석자:** 실무자 A, 실무자 B, 실무자 C, 리더 D
- **미팅 목적:** 2023년 1분기 제품 판매 결과 보고 및 2분기 계획

이렇게 이메일을 쓰듯이 작성하면 개인용 메신저를 사용하던 습관대로 '다음 주 목요일 B회의실에서 2023년 1분기 결과보고 미팅을 진행하겠습니다', '실무자 A님, 실무자 B님, 실무자 C님, 리더 D님은 꼭 참석해 주세요'와 같이 여러 번에 나눠서 작성하는 것보다 깔끔하고, 추후 필요한 메시지를 검색할 때도 훨씬 맥락을 파악하기 쉬울 것입니다.

📤 문서 관리

문서 작성 업무는 '문서를 얼마나 효율적으로 작성하고, 관리할 수 있는가?' 를 중점으로 살펴봅니다. 현재 사용하고 있는 문서들(파워포인트, 엑셀, 워드, 한글)이 파일 형태로 로컬 디스크에 저장되어 있다면 다른 사람이 열람하고자 할 때 문서 파일을 전송해 주어야 하고, 수신자는 파일을 다운로드해야 하며, 열람에 필요한 프로그램도 설치되어 있어야 합니다. 또한 문서의 내용이 변경될 때마다 '전송 → 다운로드' 과정을 번거롭게 반복해야 합니다. 이런 불필요한 반복 작업을 해결해 주는 기능이 실시간 동시 편집, 버전 관리, 쉬운 공유입니다.

실시간 동시 편집 클라우드 기반 문서 작성 도구를 이용해 문서를 작성하면 실시간으로 동시에 편집할 수 있습니다. 실무자 A와 B가 동시에 문서를 편집할 수 있으므로, 두 사람이 피드백과 의견을 주고받기 위해 '전송 → 다운로드'의 과정을 거치지 않아도 됩니다. 동시 편집 기능은 실무자가 많을수록 그 효과가 확실하게 드러납니다. 여러 실무자의 의견을 취합해서 누군가 한 명이 하나의 문서에 정리해야 하는 작업을 실시간으로 동시에 처리할 수 있기 때문입니다. 서로 파일을 주고받을 시간에 수정이나 의견 전달 등 좀 더 생산적인 일을 할 수 있게 됩니다.

버전 관리 로컬 디스크에 저장 중인 문서 파일을 수정하면 직접 파일명을 변경하여 버전을 관리해야 합니다. 또한 실무자들끼리 파일을 주고받는 과정에서 이전 버전에 피드백을 하는 등의 혼선이 발생할 수 있습니다. 하지만 클라우드 기반 문서의 버전 관리 기능은 문서 내용에 변동이 있을 때마다 최신 버전이 유지되면서 동시에 이전 버전에 대한 기록이 자동으로 관리됩니다.

쉬운 공유 클라우드 문서를 이용하면 공유도 편리해집니다. 파일을 주고받는 게 아니라 링크를 생성하여 주고받기 때문에 쉽고 빠릅니다. 링크를 이용하니 텍스트를 보낼 수 있는 모든 업무 도구를 이용할 수 있는 셈이죠. 게다가 링크를 클릭해 언제 어디서나 내용을 쉽게 확인할 수 있습니다. 이러한 공유 방식은 특정 대상을 지정하여 공유할 수도 있고, 보기, 수정 등 별도의 권한 설정이나 공유 기간을 설정할 수도 있습니다.

📤 파일 관리

파일을 효과적으로 관리하려면 어떻게 해야 할까요? 저는 클라우드 스토리지 서비스를 이용하고, 현재 사용 중인 파일과 이미 끝난 파일을 구분해 보관하라고 이야기합니다. 현재 진행 중인 프로젝트에서 사용하는 파일(자주 찾는 파일)은 하루에도 수차례 확인할 수 있는 반면, 이미 끝난 프로젝트의 파일(보관용 파일)은 한 달에 한 번, 어쩌면 평생 볼 일이 없을지도 모릅니다. 그러므로 자주 찾는 파일은 누구나 쉽게 찾아서 확인할 수 있는 곳에 업로드해 두고, 보관용 파일은 파일명과 폴더명을 잘 구분해서 차곡차곡 쌓아 두면 됩니다.

자주 찾는 파일+공유하지 않는 파일 자주 찾는 파일 중에서도 팀원들에게 공유하지 않아도 되는 파일들은 일반적으로 담당자의 컴퓨터(로컬 디스크)에 저장합니다. 담당자가 가볍게 이용하는 문서나 메모, 참고용 자료, 이미지 등이죠. 이런 파일들까지 모두 클라우드 스토리지 서비스를 이용할 필요는 없습니다. 클라우드 스토리지 서비스는 대부분 용량에 제한이 있고, 용량을 많이 쓸수록 비용이 증가되기 때문입니다.

TIP 참고용 자료가 언젠가는 도움이 될 수도 있다고 생각되거나 어디서든 필요할 때 확인하고 싶다면 로컬 디스크보다는 무제한으로 데이터를 보관할 수 있는 노션과 같은 서비스를 활용해도 좋습니다.

자주 찾는 파일+공유하는 파일 프로젝트를 진행할 때 가장 많이 찾는 파일들이 여기에 해당할 겁니다. 이런 파일은 회사의 중요한 자산이 될 수도 있으므로 클라우드 스토리지 서비스에 업로드해 두는 것이 좋습니다. 클라우드 스토리지 서비스를 이용하면 파일을 유실할 위험이 줄어들며, 실수로 파일을 삭제하더라도 클라우드 스토리지 서비스에 있는 휴지통 등에서 복구할 수 있습니다. 또한 파일의 위치도 검색 기능으로 쉽게 찾을 수 있죠. 무엇보다 버전 관리 기능을 포함하는 경우가 많으므로 누구나, 언제, 어디서나 최신 버전을 확인하고, 수정된 내역에 대한 히스토리를 관리할 수 있습니다. 파일의 공유도 편리하므로 이 분류에 해당하는 파일이라면 반드시 클라우드 스토리지 서비스를 이용하기 바랍니다.

자주 찾지 않는 파일 자주 찾지 않는 파일은 파일의 용도를 다했거나 프로젝트가 종료된 경우가 대부분입니다. 이런 파일 역시 회사의 자산인지라 어딘가에 저장해 둬야 합니다. 다만 자주 찾지 않다보면 오랜 시간이 지난 후에 담당자의 기억에서 잊혀지거나 담당자가 퇴사하는 등의 이유로 정작 필요할 때 찾지 못할 수 있습니다. 그러므로 이런 종류의 파일들은 클라우드 스토리지 내에 별도의 저장 공간을 마련하고 파일명과 폴더명을 명확하게 정리하여 이후에 새로운 담당자가 배정되더라도 쉽게 확인할 수 있어야 합니다.

> **Note** **폴더 구조 생성 및 파일명 지정하기**
>
> **폴더 구조 생성:** 클라우드 스토리지 서비스는 대부분 폴더에 저장하는 형태를 띄고 있습니다. 폴더 속에 폴더, 그 폴더 속에 또 폴더를 만들거나 파일을 저장하는 형태죠. 이렇게 폴더 속에 파일을 저장하는 형태는 처음부터 폴더 구조를 명확하게 계획해야 파일 관리와 검색이 쉽습니다. 물론 폴더명으로 검색하는 기능도 있지만, 폴더명이 기억나지 않을 수도 있으니 구조를 잘 짜야 합니다. 폴더 구조를 계획할 때는 마인드맵을 추천합니다. 회사의 조직도를 구성하는 것처럼 최상위 폴더에서 하위 항목으로 계층적 구조를 가지고 있으므로, 마인드맵을 펼쳐서 현재 조직에서 사용하는 파일이나 업무의 종류를 구분하여 폴더를 구성하면 좋습니다. 예를 들어 거래처 → 문서 종류 → 날짜 순서로 구성할 수도 있고, 조직에 따라 문서 종류나 날짜가 가장 상위 항목일 수도 있을 것입니다.
>
> **파일명:** 폴더 구조를 고민했다면 다음으로 파일명을 고민합니다. 조직에 따라 파일명 작성 규칙을 지정하면 되지만, 일반적으로 사용하는 규칙은 다음과 같습니다.
> - 띄어쓰기가 아니라 언더바(_)를 사용합니다.
> - 같은 자료의 버전 구분은 파일명 끝에 표기합니다.
> - 날짜를 입력한다면 YYYYMMDD, YYMMDD 형태를 사용합니다.
> - 특수문자는 사용하지 않습니다.
> - 파일명이 영어일 때에는 카멜 표기법(camelCase)을 이용합니다. 카멜 표기법은 여러 단어를 사용할 때 띄어쓰기를 사용하지 않고, 각 단어의 첫 알파벳은 대문자로 적되, 맨 앞에 있는 단어는 소문자로 시작하는 표기 방법입니다.
>
> 위 규칙에 기반하여 다음과 같이 2가지 방법을 추천합니다. 가장 큰 차이는 날짜의 위치입니다.
> - **날짜**_대항목_중항목_파일명(_버전).pdf
>   예) 230114_YH전자_제안서_협업툴컨설팅_ver1.pdf
> - [대항목]_중항목_파일명_**날짜**(_버전).pdf
>   예) [계약서]_YH전자_협업툴컨설팅_20230114_ver2.pdf.
>
> 날짜를 맨 앞에 사용할 때는 같은 프로젝트 폴더에서 업무를 시간 흐름에 따라 정리할 때 효과적입니다. 반대로 날짜를 뒤에 사용할 때는 항목을 중심으로 정리하는 상황입니다. 기본 규칙만 잘 지킨다면 정답은 없습니다. 업무의 종류나 특성에 따라 적절한 형태를 사용하면 됩니다.

📤 프로젝트 관리

모두가 같은 그림을 그리는 것, 다른 방향으로 엇나가지 않는 것, 일을 미루지 않고 끝내는 것 등 프로젝트 관리를 하는 이유는 다양합니다. 그중 조직의 리더 또는 프로젝트 매니저가 프로젝트를 관리하려는 궁극적인 목표는 **프로젝트에 참여하는 사람들이 한 사람처럼 움직이는 것입니다.** 축구 경기에서 상대편의 골대에 공을 넣기 위해 작전을 수행하는 것과 같죠. 짧은 패스로 공을 돌려가며 상대편의 골대 앞까지 가고 싶은데, 공을 받을 동료는 긴 패스를 생각해서 상대편 골대 앞에 가 있으면 원하는 골을 넣기 어려울 것입니다. 일관된 작전에 따라 동료의 움직임을 예측하고 움직여야 하죠.

조직의 리더나 프로젝트 매니저가 프로젝트를 관리하는 것도 프로젝트에 참여하고 있는 구성원들이 하나의 목표를 위해 동시다발적으로 움직이며, 서로 다른 업무와 환경에 있더라도 같은 판단을 내릴 수 있도록 하는 것입니다. 같은 판단을 내리려면 어떻게 해야 할까요? 커뮤니케이션뿐만 아니라 현재 진행 중인 프로젝트의 진행 상황이 모두에게 공유될 수 있어야 합니다. 프로젝트 매니저는 팀원들이 A 업무를 진행 중인 걸로 알고 있는데, 정작 팀원은 A와 B 업무를 모두 끝내고 C 업무를 시작하고 있다면 프로젝트가 원활하게 진행될까요? 반대의 경우도 마찬가지입니다. 팀원은 여전히 A 업무를 하고 있는데, 프로젝트 매니저가 B 업무와 C 업무를 진행한다면 역시 문제가 발생할 것입니다. 이처럼 프로젝트에 참여하고 있는 모두가 현재 어떤 업무를 누가 진행하고, 언제까지 진행할 것인지, 몇 %나 완료되었는지 등 진행 상황에 대해 같은 그림을 그리고 있어야 다음 업무에 대한 예측이나 진행이 수월하게 이뤄져서 프로젝트의 목표를 효과적으로 달성할 수 있습니다.

📤 일정 관리

현재 우리 조직이 일정을 관리하고 있는 방법을 생각해 봅시다. 혹시 대형 화이트보드에 조직 전체의 일정이 적혀 있지는 않겠죠? 화이트보드와 같은 아날로그 방식으로 일정을 관리하면 오가며 누구나 쉽게 전체 일정을 확인할 수는 있겠으나 여러 프로젝트 일정을 관리하기는 어렵습니다. 건설사라면 시공 일정, 광고 회사라면 광고 진행 일정, 제조사라면 제품 납품 일정 등 하나의 주제로만 일정을 관리해야 할 것입니다. 더는 미루지 말고 지금이라도 디지털 캘린더를 이용하기 바랍니다. 그 이유를 하나씩 살펴보겠습니다.

편리한 일정 확인 디지털 기술과 역량의 발전으로 하나의 팀에서 여러 프로젝트를 동시에 진행하는 일이 많아졌습니다. 여러 프로젝트가 진행되더라도 실수가 없으려면 일정 관리를 잘해야 합니다. 만약, A 업체 PT, B 업체 제작 미팅, C 업체 결과 보고 등 여러 일정이 계획되어 있는데, D 업체에서 급하게 결과 보고 일정을 요청해 왔다면 어떻게 될까요? 아날로그 방식의 화이트보드를 사용 중이라면 애초에 여러 업체 일정 관리가 되지 않아서 아마도 각 담당자별로 연락해서 미팅 장소 등을 파악하는 등 추가 일정을 잡기 위해 분주해질 겁니다. 하지만 디지털 캘린더를 사용 중이라면 업체별 일정을 타임라

인 형태로 한눈에 파악할 수 있어 손쉽게 빈 시간을 찾아 일정을 조율할 수 있게 됩니다.

언제 어디서나 일정 확인 디지털 캘린더는 언제 어디서나 변경되는 일정을 쉽게 파악할 수 있습니다. 사무실 밖에 있을 때, 동료가 갑자기 일정을 변경하더라도 모바일 등을 이용해 디지털 캘린더를 확인하면 손쉽게 일정을 확인할 수 있습니다. 물론 일정이 변동되면 알림을 보낼 수도 있지요. 더욱이 동료의 일정을 확인할 수도 있으므로 동료의 빈 시간을 확인해서 미팅을 잡기도 쉽고, 부재중일 때 찾아가는 헛걸음을 방지할 수도 있습니다.

편리한 일정 구분 아날로그 방식으로 여러 프로젝트의 일정을 관리한다면 다른 색 필기구로 프로젝트별 일정을 구분해야 할 것입니다. 하지만 특정 일정만 선택해서 보기는 거의 불가능하며, 일정이 수정될 때마다 표시하다 보면 어느 순간 일정을 전혀 알아보지 못할 지경이 될 것입니다. 하지만 디지털 캘린더라면 프로젝트별로 캘린더를 설정할 수 있고, A 업체는 노란색, B 업체는 파란색, C 빨간색과 같이 간단하게 색상으로 구분할 수도 있습니다. 물론 모든 업체의 일정을 일괄 확인하거나 특정 업체만 골라서 일정을 확인할 수도 있습니다.

스타트업이 사용하는 협업 도구의 조건

협업 도구란 대체 무엇일까요? 위키백과에서 '협업 도구'로 검색해 보면 다음과 같이 정의하고 있습니다(https://ko.wikipedia.org/wiki/협업_도구).

> 협업 도구는 사람들이 협업을 할 수 있도록 도와주는 도구이다. 협업 도구는 둘 이상의 사람이 공통된 목표나 목적을 완수할 수 있도록 지원하는 것이 목적이다. 협업 도구는 종이, 플립 차트, 포스트잇 노트, 화이트보드와 같은 비기술적인 천연 기반 재료에 속할 수 있다. 협업 소프트웨어와 같은 소프트웨어 도구나 응용 프로그램을 포함할 수도 있다.
>
> 출처: 위키백과

위키백과에 따르면 우리가 일반적으로 사용하던 종이, 포스트잇도 협업 도구이며, 그룹웨어, 카카오톡, 워드도 일종의 협업 도구라고 볼 수 있습니다. 사람들이 협업을 할 수 있도록 도와주는 도구이며, 둘 이상의 사람이 공통된 목표나 목적을 완수할 수 있게 지원해 주니까요. 하지만 협업 도구를 주로 사용하는 스타트업에서는 카카오톡이나 워드를 협업 도구라고 생각하지 않습니다. 이들이 생각하는 협업 도구의 필수 조건으로는 인터넷, 디바이스(기기), 클라우드가 있습니다.

- 인터넷이 연결된다면 언제, 어디서나 업무를 할 수 있습니다. 공간 제약 없이 자유롭게 일하는 디지털 노마드(digital nomad)라는 개념이 나온 것도 다 이 덕분입니다. 인터넷과 노트북만 있다면 전 세계 어디든 내 사무실이 될 수 있다고 하는 것처럼요.
- 컴퓨터가 아닌 이동하며 쉽게 볼 수 있는 모바일이나 태블릿을 사용하더라도 접근성이 좋아야 합니다. 사용 중인 모든 디바이스에서 업무를 파악할 수 있어야 하죠.
- 클라우드를 이용한 도구여야 인터넷을 통해 실시간으로 접속하여 언제 어디서나 업무를 볼 수 있습니다.

협업 도구의 필수 조건이라고 이야기한 인터넷, 디바이스, 클라우드는 사실 너무 기본이라서 고려의 대상이라고 하기조차 민망한 수준입니다. 실제로 스타트업에서 협업 도구를 선택할 때 고려하는 조건은 4가지가 더 있습니다. 바로 디자인, 편리한 UI/UX, 보편성, 외부 서비스 연결입니다.

디자인 아무리 업무 도구라도 투박한 디자인은 더 이상 선택을 받지 못합니다. 세대가 바뀔수록 점점 더 나은 디자인의 제품들을 선호하고 업무 도구 조차 보기에 좋은 것을 사용하고 싶어하는 것 같습니다. 보기 좋은 것이 끌리는 것은 인간의 본성이기도 하고, 디자인이 좋으면 한 번이라도 더 눈길이 가기 마련입니다.

편리한 UI/UX UI/UX가 중요한 이유는 적응력에 영향을 미치기 때문입니다. UI/UX가 좋을수록 IT에 익숙한 사람뿐만 아니라, 새로운 도구 사용을 어려워하는 사람도 몇 번 만져 보면 사용법을 쉽게 익힐 수 있습니다. 결과적으로 조직의 모든 구성원이 좀 더 빠르게 새로운 협업 도구에 적응할 수 있다는 말입니다. 대기업에서는 그룹웨어 적응을 위해 전 사원을 대상으로 교육을 진행하기도 하는데, 그럴 여력이 없는 스타트업이라면 업무 도구를 빠르게 익힌다는 것은 그만큼 시간과 비용을 아낄 수 있다는 말이 되기도 합니다.

보편성 편리한 UI/UX와 이어지는 말이기도 한데, 보편성이 좋으면 회사에서 도입하기 전에 조직 구성원이 이미 사용하고 있거나 사용 경험이 있을 수 있습니다. 보편성이 좋다는 말은 기업만 사용하는 업무 도구 아니라 개인도 쓸 수 있어서 많은 사람이 사용할 수 있다는 뜻이기도 합니다. 대표적인 도구가 바로 노션이죠. 신규 직원을 채용했는데, 우리 회사의 메인 업무 도구인 노션에 대해 이미 알고, 잘 사용한다면 업무 도구를 알려 주기 위해 별도의 교육 시간을 할애할 필요도 없고, 빠르게 업무에 적응할 수 있을 것입니다. 해당 도구를 도입한 지 얼마 되지 않은 조직이라면 오히려 기존 구성원들보다 더 잘 다루어서 전체적으로 조직의 도구 활용도가 높아질 수도 있죠. 기업의 입장에서 교육 비용의 절감과 함께 시간을 많이 아낄 수 있는 요소가 됩니다.

외부 서비스 연결 스타트업은 대기업처럼 그룹웨어를 쓰는 게 아니라 각자의 업무 목적에 맞게 여러 업무 도구를 사용합니다. 노션이 만능이라고 해서 노션만 쓰는 게 아니라 이메일을 보낼 때는 지메일, 메신저는 슬랙을 이용하는 것처럼 여러 업무 도구를 이용하는 거죠. 이때 업무 도구끼리 서로 연결하여 데이터를 주고받거나 알림을 주고받을 수 있다면 앱 간 전환 비용이 줄어 업무 생산성을 향상시킬 수 있습니다. 집필 시점인 2023년 말을 기준으로, 해외 서비스일수록 외부 서비스 연결 기능들이 잘 구축되어 있습니다.

지금까지 스타트업의 사례를 들어 업무 도구를 선정할 때의 조건에 대해 살펴보았습니다. 이러한 조건들을 반드시 충족해야 한다는 원칙이 있는 것은 아닙니다. 그러니 이 조건들을 우선적으로 고려하되 비용, 권한 설정, 공유, 보안, 언어, 세부 기능들까지도 두루 살펴보면 협업 도구 선택에 훨씬 도움이 될 것입니다.

협업 도구를 선택하는 방법

협업 도구의 종류는 너무나 많습니다. 주요 협업 종류인 커뮤니케이션, 문서 작성, 파일 관리, 프로젝트 관리, 일정 관리에 필요한 도구부터 할 일 관리 도구, 플로차트, 화이트보드, 브레인스토밍, CRM, 세일즈, 화상회의, 정보, 전자결재, 디자인, 영상 편집, 프레젠테이션, 설문, 데이터리포트 등 수많은 업무 종류와 그에 따른 도구들이 있죠.

물론 업무 종류별로 도구를 선택할 필요는 없습니다. 노션 하나로 프로젝트 관리뿐만 아니라 문서 작성, 일정 관리, 파일 관리 등을 할 수 있는 것처럼 많은 도구들이 주요 기능과 함께 세부 기능을 이용하여 다양한 업무에 활용할 수 있도록 출시되고 있습니다.

그러므로 협업 도구를 선택할 때는 현재 조직의 업무 방식에서 가장 중요한 도구가 무엇인지 판단한 후 다음 3가지를 고려해 봅니다.

1. 조직의 상황을 고려할 때 바꿀 수 없는 협업 도구
2. 현재 업무 진행 방식에서 가장 중요한 협업 도구
3. 가장 도입하고 싶은 도구

조직의 상황을 고려할 때 바꿀 수 없는 협업 도구

협업 도구를 바꿀 수 없는 조직의 상황이란 어떤 것이 있을까요? 보통 3가지로 이야기할 수 있으며 첫 번째로 조직 전체가 마이크로소프트 365 또는 구글 워크스페이스, 네이버웍스를 도입해서 해당 기능을 사용하는 경우입니다. 그리고 오래전부터 그룹웨어를 사용하고 있어서 이메일만큼은 반드시 그룹웨어를 이용해야 경우도 있으며, 조직에서 영향력이 큰 구성원이 특정 도구를 선호하는 상황도 있습니다.

앞에서 두 번째와 세 번째 경우는 조직이나 사람의 개선이 필요한 문제이므로, 첫 번째 경우일 때 최대한 효과적으로 협업 도구를 사용할 수 있는 방법에 대해 이야기해 보겠습니다. 우선 마이크로소프트 365를 반드시 사용해야 한다면 다음과 같이 각 업무에서 마이크로소프트 365의 도구들을 최대한 활용하면 됩니다.

- **커뮤니케이션**: 팀즈
- **문서 작성**: 마이크로소프트 오피스

- **파일 관리**: 원드라이브(OneDrive)
- **프로젝트 관리**: 마이크로소프트 프로젝트(Project), 플래너(Planner), 셰어포인트(SharePoint)
- **일정 관리**: 아웃룩(Outlook)

그런 다음 편의를 위해 다른 도구들을 추가할 수 있습니다. 하지만 마이크로소프트 365를 도입하였다면 업무에 관한 거의 모든 도구가 포함되어 있기 때문에 다른 도구를 추가하기 위해 비용을 지불하거나 배우는 시간을 할애하는 것은 사치라고 할 수 있습니다. 마이크로소프트 365의 도구를 모두 제대로 다룬다면 다른 도구는 필요가 없을 정도로 거의 모든 기능이 포함되어 있기 때문입니다. 다만 최근에 출시되는 협업 도구들에 비해 UI/UX 측면에서 쉽게 익숙해지지 않는다는 단점만 극복하면 됩니다.

다른 사례로 구글 워크스페이스를 사용 중이라면 아래와 같이 사용할 수 있습니다.

- **커뮤니케이션**: 구글 챗
- **문서 작성**: 구글 문서, 구글 시트, 구글 슬라이드
- **파일 관리**: 구글 드라이브
- **프로젝트 관리**: (없음)
- **일정 관리**: 구글 캘린더

마찬가지로 구글 워크스페이스에서도 대부분의 기능을 제공하고 있으나 프로젝트 진행 상황을 파악할 수 있는 도구가 아쉽습니다. 이럴 때는 노션이나 트렐로 같은 서비스를 함께 이용하면 좋습니다. 구글 워크스페이스는 전 세계의 업무 도구의 표준처럼 사용되고 있으므로 다른 도구들과 연동도 편리합

니다. 따라서 연동을 고려했을 때 프로젝트 관리 도구를 선택할 수 있는 폭이 넓습니다. 추가로 구글 챗은 UX 측면이나 기능 측면에서 다른 도구에 비해 부족하므로, 커뮤니케이션 전문 도구인 슬랙이나 잔디를 이용하는 것도 좋습니다.

조직에서 네이버웍스를 사용 중이라면 아래와 같이 도구를 사용할 수 있습니다.

- **커뮤니케이션:** 메신저
- **문서 작성:** (없음)
- **파일 관리:** 드라이브
- **프로젝트 관리:** (없음)
- **일정 관리:** 캘린더

네이버웍스는 문서와 프로젝트 관리를 제외한 대부분의 기능을 제공하고 있습니다. 그러므로 프로젝트의 진행 상황을 파악할 수 있는 노션 또는 트렐로를, 문서를 작성할 수 있는 마이크로소프트 365 또는 한글을 추가로 이용하면 됩니다. 네이버웍스를 이용하면 게시판, 할 일, 설문, 주소록, 이메일 기능을 좀 더 편리하게 이용할 수 있습니다. 네이버웍스가 포함된 네이버의 기업 정보 시스템인 워크플레이스를 이용하면 국내 기업들이 많이 이용하는 그룹웨어 형식의 기능, 결재, 근태, 비용, 회계 등의 기능도 사용할 수 있습니다.

참고로 마이크로소프트 365, 구글 워크스페이스, 네이버웍스의 대표적인 공통점은 이메일 발송 기능입니다. 어떤 서비스를 이용해서 이메일을 발송하냐에 따라 도구를 선택하는 기준이 될 수도 있습니다. 처음 조직을 만들었거나, 이메일 발송 서비스를 우선으로 고려한다면 세 도구 중 하나를 선택해 보세요. 그룹웨어를 이용해서 이메일을 보낸다면 네이버웍스에 있는 결재, 조직도 같은 기능들은 메리트가 없으므로 마이크로소프트 365를 도입하여 마이크로소프트 365의 도구를 최대한 활용해야 비용을 아낄 수 있습니다.

TIP 네이버웍스를 사용하면서 문서 작성 도구로 구글 워크스페이스와 조합은 추천하지 않습니다. 네이버의 클라우드 스토리지 서비스인 마이박스(MYBOX)를 함께 활용할 수 없을 뿐더러 커뮤니케이션, 파일, 일정 관리 등 대부분의 기능이 겹치기 때문에 비용 대비 효율이 좋지 않습니다. 그러므로 결재, 회계, 근태 기능 등을 선호하여 네이버웍스(+워크플레이스)를 사용 중이라면 결재, 회계, 근태 등의 기능은 없지만 현존하는 문서 작성 도구 중 가장 범용적인 마이크로소프트 365를 추천합니다.

현재 업무 진행 방식에서 가장 중요한 협업 도구

현재 업무 진행 방식에서 가장 중요한 업무부터 고민해 봅니다. 대체로 고객 응대가 주 업무라서 다양한 도구로 업무 대부분을 고객과 소통하는 경우, 디자인 또는 영상 작업물이 주 업무라서 업무 대부분을 제작과 편집, 피드백을 해야 하는 경우, 프로젝트 관리가 주 업무라서 업무 대부분 프로젝트 진행 상황을 체크하고, 커뮤니케이션을 해야 하는 경우로 구분해 볼 수 있을 것입니다. 이렇게 주 업무가 확실하다면 주 업무에 필요한 새로운 도구를 도입하거나 기존에 사용 중인 주 업무 도구를 중심으로 개편이 필요합니다.

먼저, 고객 응대가 주요 업무라면 고객 응대와 관리가 가능한 채널톡, 해피톡, 인터컴(Intercom) 같은 서비스를 선택하고, 추가로 티켓 관리 등이 필요하다면 보드 형태로 관리할 수 있는 노션이나 트렐로를 추가하면 좋습니다.

디자인이 중심이라면 디자인 도구 중 실시간 협업이 가능한 피그마(Figma)를 추천합니다. 피그마를 사용할 수 없고 어도비의 포토샵(Photoshop)이나 일러스트레이터(Illustrator)를 사용해야 한다면 디자인 작업물을 캔버스에 올린 후 펜이나 댓글로 피드백을 남길 수 있는 미로(Miro) 같은 서비스를 함께 이용하면 좋습니다. 디자인 진행 상황까지 관리한다면 미로와 프로젝트를 관리할 수 있는 노션을 함께 사용할 수도 있습니다. 만약 영상 편집 및 작업물이 주요 업무라면 이미지블(Imgibble)을 추천합니다.

프로젝트 관리가 중심이라면 문서나 커뮤니케이션 도구와 함께 고민해야 합니다. 프로젝트 관리 도구로 노션을 선택한다면 커뮤니케이션 도구인 슬랙을 함께 이용하면 됩니다. 노션에 메신저 기능이 없기 때문이죠. 반면, 스윗(Swit)을 선택한다면 프로젝트 관리와 커뮤니케이션 기능이 포함되어 있으나 문서 작성 기능이 없으므로 스윗과 연계가 좋은 구글 워크스페이스를 함께 이용합니다. 플로우(Flow.team)를 선택한다면 프로젝트 관리, 커뮤니케이션, 일정 관리 기능이 포함되어 있지만 문서 작성 기능이 없으므로 마이크로소프트 365 또는 구글 워크스페이스를 함께 이용합니다. 끝으로 트렐로를 선택한다면 커뮤니케이션 도구와 문서 작성 도구를 모두 고려해야 합니다.

가장 도입하고 싶은 도구

1순위로 도입할 도구가 정해지는 상황은 도입하고자 하는 주체에 따라 구분됩니다. 대표에 의한 선택, 조직장에 의한 선택, 그리고 세미나 등을 통한 조직원들의 선택에 따라 차이가 있습니다. 3가지 사례 모두 누군가 특정 도구 도입에 주도적이고 적극적인 사람이 있다는 것입니다. 반면, 차이점은 실무자들의 업무 방식 고려 여부입니다. 상황별 의사결정권자가 실무자들의 업무 방식을 고려했다면 성공적인 도입이 될 가능성이 높고, 그렇지 않다면 구성원들의 관성 때문에 기존 방식으로 돌아갈 가능성이 높습니다.

그러므로 도입할 도구가 확실하다면 의사결정권자뿐만 아니라 조직의 3~5년 차 이상의 실무자들이 적극적으로 나서야 합니다. 현재 조직의 업무 방식을 가장 잘 아는 실무자가 해당 도구가 우리의 업무 방식에 적합한지, 잘 사용될지, 구성원들의 반발은 없을지, 관성이 크게 작용할지 등을 고려해서 도구에 대해 검토한 후 도입해야 합니다.

지금까지 주요 업무를 중심으로 어떤 도구를 사용하면 좋을지 소개했습니다. 이제는 지금까지 소개한 도구들을 포함하여 주요 업무별로 활용할 수 있는 다양한 협업 도구의 종류를 살펴보겠습니다.

파일 관리 도구로 협업하기

구글 드라이브

구글 드라이브(Google Drive)는 구글에서 만든 클라우드 스토리지 서비스(Cloud Storage Service)로 요즘 널리 사용하는 클라우드 서비스입니다. 모든 유형의 파일을 저장할 수 있으며, 별도로 프로그램을 설치하지 않아도 인터넷만 연결되어 있으면 언제, 어디서든, PC나 모바일에 관계없이 원하는 파일을 열람, 편집, 전송, 공유할 수 있습니다.

▲ https://www.google.com/drive/

구글 드라이브의 주요 특징

모든 파일의 보관 자주 사용하는 파워포인트, 엑셀, 워드, 한글, PDF 등 문서 파일은 물론, 사진, 음성, 동영상, 포토샵, HTML 등 모든 파일을 업로드할 수 있습니다. 예를 들어 용량이 커서 공유가 어렵고, 유튜브나 외부 서비스에 업로드하자니 유출 등이 걱정되는 동영상 파일이라도 구글 드라이브에 업로드하면 링크 형태로 간단하게 공유할 수 있고, 철저한 보안은 물론 스트리밍 기능까지 사용할 수 있어 효과적입니다. 링크를 공유받은 사용자는 필요에 따라 해당 파일을 다운로드할 수도 있습니다.

쉬운 공유와 협업 구글 드라이브의 대표적인 장점은 쉬운 공유와 협업입니다. 앞서 언급한 것처럼 링크 형태로 파일을 공유할 수 있습니다. 업로드한 파일에 고유 링크가 부여되어 링크만 있으면 누구나 파일을 열람하게 할 수도 있죠. 반대로 특정 계정(구글 계정)에 권한(보기, 댓글, 편집)을 주어 특정 사용자만 볼 수 있게 설정할 수도 있습니다. 댓글이나 편집 권한을 활용하여 해당 파일에 의견을 남기거나 내용을 편집하면서 협업하기도 수월합니다.

구글 문서 작성 기능 워드, 엑셀, 파워포인트 같은 마이크로소프트 365의 문서를 저장할 수도 있지만, 구글 문서, 구글 시트, 구글 슬라이드(프레젠테이션), 구글 폼(설문지)과 같은 자체 문서 작성 기능을 사용할 수 있습니다. 각각 워드(구글 문서), 엑셀(구글 시트), 파워포인트(구글 시트)와 유사한 서비스이며 동시에 문서를 작성하거나 편집하는 등 실시간으로 협업할 수 있습니다.

버전 관리 기능 구글 드라이브의 장점 중 하나로 버전 관리 기능이 있습니다. 업로드된 파일의 수정 내역을 관리할 수 있는 기능이죠. 구글 드라이브에서 생성하는 문서뿐만 아니라 외부에서 생성한 워드, 엑셀, 파워포인트, PDF 등 모든 파일의 버전 기록을 관리할 수 있습니다. 이 기능으로 항상 업로드한 문서의 최신 버전을 유지할 수 있고, 필요에 따라 이전 버전의 내용을 확인하거나, 일부 내용만 복사해서 활용할 수도 있습니다. 최대 30일 이내, 100개 이하의 버전을 저장할 수 있어서 중요한 버전이라면 별도로 보관하면 됩니다.

추천하는 조직 구글 드라이브는 산업이나 구성원의 수에 관계없이 대부분의 조직에서 사용하기 좋은 도구입니다. 3명의 소규모 조직부터 수만 명에 이르는 대기업까지 상황에 맞춰 선택할 수 있도록 다양한 요금제와 기능을 제공합니다.

도구 사용 난이도 ★☆☆☆☆

구글 드라이브는 글로벌 서비스로, 비교적 한글화가 잘 되어 있고, UI/UX가 편리하기 때문에 IT에 친숙하지 않은 사람들도 쉽게 사용할 수 있습니다. 드래그해서 파일을 업로드할 수 있고, 더블클릭해서 업로드된 파일을 열 수 있으며, 마우스 우클릭 등의 방법으로 다운로드할 수도 있습니다.

구글에서 제공하는 도움말 또한 처음부터 끝까지 상세하게 설명되어 있으며, 유튜브 같은 동영상 플랫폼에서 관련 영상 강의도 쉽게 찾을 수 있습니다. 그러므로 사용 난도는 가장 낮은 편에 속합니다.

- **구글 드라이브 도움말**
  https://support.google.com/a/users/answer/9282958

- **구글 드라이브 소개 영상**
  https://youtu.be/uc0nDarpzDg?si=0mDkuN9d7EjpY_ii

요금제 선택 가이드

협업 도구 컨설팅을 하며 많이 받는 질문 중 하나는 '어떤 요금제가 우리 조직에게 가장 적합할까?'입니다. 구글 드라이브는 크게 개인과 기업 요금제로 나눌 수 있습니다. 먼저 개인 사용자가 사용하는 서비스는 구글 원(Google One)이라고 부르며, 무료로 사용할 때는 기본 15GB의 용량을, 유료로 사용할 때는 요금제에 따라 100GB, 200GB, 2TB, 5TB 등으로 달라집니다.

▲ 구글 원 서비스의 요금제

조직 차원에서 구글 드라이브를 이용한다면 구글 워크스페이스(Google Workspace)라는 서비스를 이용합니다. 구글 워크스페이스는 구글에서 만든 협업 도구로 구글 드라이브를 포함해 구글 문서, 구글 챗, 구글 잼보드, 구글 미트, 지메일, 구글 캘린더 등 다양한 서비스가 포함되어 있습니다.

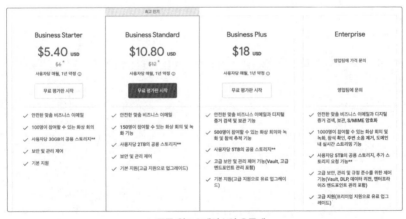

▲ 구글 워크스페이스의 요금제

조직에서 구글 서비스를 사용하기로 했다면 요금제를 선택하는 데 어려움을 겪을 수 있습니다. 요금제를 선택할 때 주로 고민하는 규모는 10~15명입니다. 10명 정도라면 개인별로 폴더, 파일에 권한을 설정하는 반복 작업을 해도 큰 불편함이 없으나, 15명이 넘어가는 순간 반복 작업에 피로를 느끼고 다른 방법을 찾게 될 수 있습니다.

그러므로 조직이 10명 이내라면 개인 사용자를 위한 구글 원 요금제를 이용해도 충분합니다. 구글 원을 사용하면 A, B, C 폴더가 있을 때 본인을 제외한 9명의 권한을 A, B, C 폴더에서 각각 부여해야 하는 것처럼 구성원별, 폴더별 권한을 부여해야 하는 불편함이 있습니다. 최상위 폴더 하나에 나머지 폴더를 넣고 최상위 폴더에서 일괄 권한을 설정하는 방법도 있지만, 사업이나 프로젝트 보안의 문제로 결국 새로운 폴더를 만들어 공유하거나 특정 폴더의 권한을 수정하는 상황이 발생하기 때문에 구성원별 권한을 일일이 관리해야 하는 것은 변함없습니다. 다만 구글 워크스페이스에 비해 저렴하게 이용할 수 있으니 참을 만한 수준입니다.

사실 조직에서 구글 원 요금제를 사용할 때 가장 큰 단점은 보안입니다. 구성원 각자가 구글 계정을 이용하기 때문에 복사와 다운로드가 편리하고, 보안에 관련된 기록이 남지 않습니다. 게다가 누군가가 퇴사를 할 때에는 해당 구성원의 이메일 내역이나 파일, 업무 히스토리 등도 모두 함께 사라지게 됩니다.

또한 구성원이 15명을 넘기는 순간 개별 권한 설정에 피로를 느끼기 시작할 겁니다. 이때부터는 구글 워크스페이스를 고려해 보면 됩니다. 구글 워크스페이스를 사용하면 요금이 크게 올라가긴 하지만 관리자 권한이 편리하게 되어 있어 구성원별 그룹으로 관리하면서 그룹별로 권한을 부여할 수 있습니다. 또한 회사에서 관리하는 개별 이메일 주소와 드라이브 공간이 주어지기 때문에 구성원이 퇴사를 하더라도 업무 자산은 모두 회사에서 관리할 수 있습니다.

🔼 원드라이브

원드라이브(OneDrive)는 마이크로소프트에서 만든 클라우드 스토리지 서비스로 각종 업무 협업 도구 중 가장 많은 사용자를 보유하고 있다고 해도 과언이 아닙니다. 업무 문서 도구에서 빠지지 않는 마이크로소프트 365 서비스 중 하나이기 때문입니다. 구글 드라이브와 같은 파일 보관 서비스로 모든 유형의 파일을 보관할 수 있으며, 마이크로소프트의 클라우드 데이터 센터인 애저(Azure)를 이용해 손쉽게 접근할 수 있습니다.

▲ https://www.microsoft.com/onedrive/

원드라이브의 주요 특징

마이크로소프트 365와 연동성 파워포인트, 엑셀, 워드를 모르는 사람은 거의 없을 것입니다. 이 서비스들을 포함하는 마이크로소프트 365 서비스의 하나로, 각 문서 도구에서 작성한 파일을 원드라이브에 업로드하면 파일을 다운로드하지 않더라도 원드라이브에서 수정, 편집할 수 있습니다.

예를 들어 구글 드라이브에서 파워포인트 파일을 편집할 수는 있지만 구글 슬라이드로 열어서 편집해야 하며, 일부 기능적인 제약도 있습니다. 하지만 원드라이브에서는 온전하게 파워포인트 파일을 열 수 있고, 대부분의 기능도 프로그램과 동일하게 사용할 수 있습니다.

1TB(1024GB)의 대용량 용량의 제한으로 금액을 다르게 설정하는 구글 드라이브와 달리 비즈니스용 마이크로소프트 365를 이용하면 동일하게 1TB의 용량을 제공합니다. 각종 동영상 파일은 물론, 일반적인 업무 자료인 문서, 이미지를 업로드하는 용도로 사용한다면 혼자서 모두 사용할 수 없을 정도로 충분히 많은 용량을 제공합니다.

세분화되어 있는 공유 설정 공개할 때 편집 가능, 보기 가능을 선택할 수 있고, 단순히 링크를 공개하고 전달하는 구글 드라이브와는 달리 만료 기한을 설정할 수도 있습니다. 특정 날짜를 선택하면 해당 날짜에 자동으로 링크가 만료되어 링크를 클릭해도 다른 사용자가 접속할 수 없습니다. 링크 접속 비밀번호를 설정할 수 있어 링크가 유출되더라도 누구나 접근하지 못하도록 보안을 설정하거나, 다운로드를 차단할 수도 있습니다.

▲ 원드라이브의 공유 설정 옵션

편리한 동기화 원드라이브의 가장 큰 장점 중 하나는 윈도우 운영체제와 동기화가 편리하다는 점입니다. 웹브라우저에서 클라우드 스토리지 서비스를 이용하면 파일을 업로드할 때에 브라우저를 열고, 클라우드 스토리지 서비스에 접속한 다음, 원하는 폴더로 이동한 후 업로드할 파일을 드래그합니다. 하지만 윈도우를 사용하고 있다면 기본적으로 원드라이브가 설치되어 있으므로, 사용 중인 마이크로소프트 계정으로 로그인하여 로컬 PC의 폴더와 동기화하면 원드라이브를 파일 탐색기처럼 사용할 수 있습니다. 다음 화면처럼 로컬 PC에 원드라이브 폴더가 들어와 파일을 복사하고 이동할 때에도 로컬

PC처럼 파일과 폴더를 관리할 수 있습니다. 로컬 PC에서 사용하는 모든 업무 파일들을 처음부터 원드라이브에 업로드하고 동기화해 두면 언제 어디서나 업무 파일을 확인할 수 있고, 사용 중이던 로컬 PC에 문제가 생기더라도 업무에 큰 영향을 주지 않습니다.

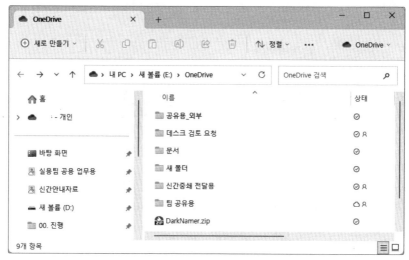

▲ 로컬 PC에 동기화한 원드라이브

추천하는 조직 원드라이브는 마이크로소프트 365와 윈도우의 동기화 기능을 함께 사용하면 강력한 힘을 발휘하는 서비스입니다. 마이크로소프트 365를 이용 중이며, 주로 사용하는 운영체제가 윈도우라면 원드라이브를 추천합니다.

도구 사용 난이도 ★☆☆☆☆

원드라이브는 구글 드라이브와 마찬가지로 해외에서 개발한 서비스지만 오랫동안 국내 사용자를 고려한 만큼 한글화가 잘되어 있습니다. UI/UX도 다른 클라우드 스토리지 서비스들과 크게 다르지 않으므로, 다른 서비스를 사용한 경험이 있다면 손쉽게 적응할 수 있습니다.

마이크로소프트의 도움말 센터(https://support.microsoft.com/ko-kr/onedrive)에서 동영상을 활용한 교육 자료를 제공하며, 유튜브에서도 사용자 관점에서 설명하는 원드라이브 사용법 영상이 많기 때문에 손쉽게 익히고 사용할 수 있습니다.

▲ 마이크로소프트 도움말 센터에서 '비디오 교육'으로 검색하면
원드라이브 관련 동영상 강의를 시청할 수 있습니다.

요금제 선택 가이드

원드라이브가 포함된 마이크로소프트 365 구독 서비스는 크게 개인용과 비즈니스용으로 구분됩니다. 6명 이내의 소규모 조직이라면 가정용 중 Family 요금제를 이용해도 충분합니다. 비즈니스 요금제는 비용이 더 들지만 조직에 맞는 이메일의 도메인을 사용할 수 있습니다.

Family 요금제를 이용하면 최대 6명이 사용할 수 있으며, 한 달에 약 10,000

원 정도의 비용이 발생합니다. 반면, 비즈니스 요금제를 이용하면 사람 수에 따라 매달 6,700원의 비용이 발생하므로, 6명이라면 한 달에 40,200원이 필요합니다. 따라서 마이크로소프트 365의 문서 도구(워드, 엑셀, 파워포인트 등)를 사용하지 않고 원드라이브만 협업 및 데이터 보관 용도로 사용한다면 Family 요금제를 구독하고, 최대 6TB의 저장 공간을 사용할 수 있습니다.

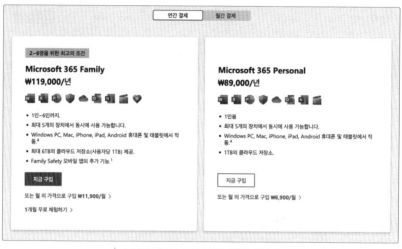

▲ 마이크로소프트 365의 개인용 요금제

📤 네이버 드라이브

네이버 드라이브는 네이버에서 만든 클라우드 스토리지 서비스로, 네이버웍스라는 통합 협업 도구를 사용해야만 사용할 수 있는 서비스입니다. 구글 드라이브나 원드라이브와 마찬가지로 모든 유형의 파일을 보관할 수 있고, 네이버 클라우드 센터에 보관되기 때문에 프로그램을 별도로 설치하지 않고, 웹브라우저만 있으면 손쉽게 접근할 수 있습니다. 다른 클라우드 서비스와 큰 차이점은 .hwp(한글 파일)를 열고 수정할 수 있다는 점입니다. 각종 정부 기관과 협업할 때는 주로 한글 파일을 사용하므로, 구글 드라이브나 원드라이브를 사용 중이라면 별도로 프로그램을 설치하거나 다운로드해야 하지만 네이버 드라이브에서는 다운로드를 하지 않고 바로 확인하고, 편집할 수 있어 편리합니다.

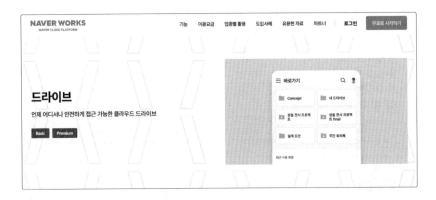

네이버 드라이브의 주요 특징

네이버 드라이브는 다른 클라우드 스토리지 서비스와 비교되는 유용한 기능들이 많습니다. 아래에서 설명하는 대표적인 특징 이외에도 네이버웍스 헬프 센터(https://guide.worksmobile.com/kr/drive/)에 방문하면 다양한 기능이나 사용 방법을 확인할 수 있습니다.

개인과 기업 사용자의 분리 구글 워크스페이스를 사용하지 않아도 구글 드라이브를 사용할 수 있고, 마이크로소프트 365를 구독하지 않아도 원드라이브를 사용할 수 있는 반면에 네이버 드라이브는 네이버웍스를 도입해야만 이용할 수 있습니다. 개인을 위한 클라우드 스토리지 서비스는 네이버 마이박스

(MYBOX)가 있습니다. 따라서 업무용 파일을 업로드할 때에는 네이버 드라이브로, 개인용 파일을 업로드할 때에는 네이버 마이박스를 사용합니다. 네이버 드라이브는 업무용 계정으로 접속해야 하므로 서로 헷갈릴 염려도 없습니다.

> **TIP** 네이버 마이박스는 개인 사용자를 위한 클라우드 스토리지 서비스로 콘텐츠(사진, 영상) 저장과 공유에 특화된 기능들이 많습니다. 인물, 장소를 자동으로 구분해 주고 노을, 야경, 동물, 음식, 글자, 아기, 여러 명 등 테마에 따라 사진을 자동 분류해 줍니다. 개인을 위한 서비스라도 대부분의 기능을 사용할 수 있습니다. 폴더를 만들어 특정 폴더에 사용자를 초대하거나 링크로 공유할 수도 있으며, 링크 공유 시 비밀번호를 설정하거나 링크 만료 기한을 설정할 수 있습니다.

보안 OTP 네이버 드라이브에 보관된 파일이나 폴더를 공유할 때 일반적으로 링크 공유를 많이 합니다. 링크 공유는 다른 사람에게 쉽게 공유할 수 있으나 보안에 취약하다는 단점이 있습니다. 이 단점을 보완하는 기능이 흔히 사용하는 비밀번호 입력으로, 링크를 받은 사용자는 비밀번호를 입력해야만 확인할 수 있습니다. 그러나 링크와 마찬가지로 비밀번호도 다른 사용자에게 안내하다 보면 보안에 취약할 수밖에 없습니다.

네이버 드라이브에는 비밀번호 공유를 넘어서 보안 OTP 기능까지 적용되어 OTP 인증번호를 입력해야만 접근할 수 있는 공유 링크를 생성할 수 있습니다. OTP 기능이 포함된 링크를 받은 사용자는 이메일로 OTP 인증을 받은 후 접근할 수 있습니다. 이 기능은 특히 외부 사용자에게 링크를 공유할 때 유용합니다.

▲ 네이버 드라이브의 OTP 인증 기능(출처 : 네이버웍스 헬프센터)

링크 관리 및 히스토리 조회 네이버 드라이브에서는 링크 관리와 히스토리 조회가 가능합니다. 클라우드 스토리지 서비스를 이용해 외부 사용자와 파일이나 폴더를 공유하다 보면 점차 공유한 파일이나 폴더가 너무 많아져 링크 관리가 어려워집니다. 하지만 네이버 드라이브에서는 공유 중인 링크를 모아서 확인할 수 있으므로 기한 설정을 하지 않고 링크를 공유한 후 추후에 해당 링크를 손쉽게 삭제할 수 있으며, 유효 기간이나 편집 권한도 변경할 수 있습니다. 또한 링크 접근, 미리보기, 이름 바꾸기, 내려 받기, 올리기, 덮어 쓰기, 새 폴더 만들기, 삭제 등의 이력이 남아 해당 링크에 대한 활동 기록을 확인할 수 있습니다.

본문 검색 원하는 파일을 찾을 때 가장 좋은 방법은 아마도 검색일 겁니다. 하지만 파일명을 기억하지 못한다면 어떻게 해야 할까요? 네이버 드라이브에서는 뛰어난 본문 검색을 지원합니다. 다른 클라우드 스토리지 서비스도 본문 검색을 지원하지만 네이버 드라이브의 본문 검색 기능은 더욱 강력합니다. 마이크로소프트 오피스 파일(.doc, .docx, .ppt, .pptx, .xls, .xlsx), PDF 파일(.pdf), 한글 파일(.hwp), 텍스트 파일(.txt, .rtf, .xml)에서 모두 검색할 수 있습니다. 특히, 한글 파일의 본문을 검색할 수 있는 기능은 국내 사용자에게 아주 유용한 기능 중 하나일 것입니다.

추천하는 조직 정부 기관과 협업할 일이 많고, 한글 문서를 주로 사용하는 조직이라면 적극 추천합니다. 한글 파일을 자유롭게 관리하거나 편집할 수 있고, 국내 사용자에게 익숙한 네이버라는 브랜드라는 점, 중요한 보안 문제를 해결할 수 있다는 점 등의 강점이 있기 때문입니다.

도구 사용 난이도 ★★☆☆☆

네이버 드라이브는 국내 사용자들에게 익숙한 네이버에서 만든 서비스로, 한글화가 잘되어 있습니다. 또한 다른 클라우드 스토리지 서비스와 크게 다르지 않아서 일반적인 클라우드 스토리지 서비스처럼 손쉽게 이용할 수 있습니다. 네이버웍스 헬프센터에서는 관리자의 사용법, 구성원의 사용법 등 권한에 맞는 사용법과 매뉴얼을 자세하게 안내하고 있습니다.

▲ 네이버웍스 헬프센터(https://guide.worksmobile.com/kr/drive/)

요금제 선택 가이드

네이버 드라이브의 요금제를 선택하는 기준은 단순합니다. 대부분의 기능은 Free 요금제부터 사용할 수 있기 때문이죠. 이메일 서비스를 사용하면 Basic 또는 Premium, 이메일 서비스를 사용하지 않으면 Free 또는 Lite 중 하나를 선택하면 됩니다. 단, Free 요금제는 협업에 필요한 많은 기능을 사용할 수 있지만, 공용 용량이 적기 때문에 100GB를 공용 용량으로 제공해 주는 Lite 요금제 이상은 사용해야 네이버 드라이브를 제대로 활용할 수 있습니다. 조직에서 별도로 메일 서버를 이용하지 않고 네이버웍스의 이메일 서비스를 사용해야 한다면 Basic(1명당 월 6,000원)을 추천합니다. Premium(1명당 월 10,000원)과 차이는 이메일과 드라이브의 용량이기 때문에 Basic부터 사용해 본 후 용량이 부족하다고 느껴지면 그때 Premium으로 변경하면 됩니다. 영상이나 디자인 산업처럼 용량이 큰 파일을 자주 사용하는 조직이 아니라면, 회사가 아니라 일반 문서만 사용하는 회사라면 Basic 요금제의 1TB 용량도 충분합니다.

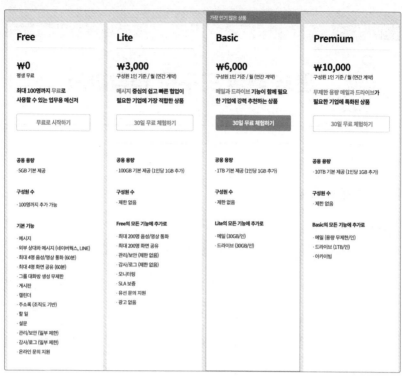

Free	Lite	Basic 가장 인기 많은 상품	Premium
₩0 평생 무료	**₩3,000** 구성원 1인 기준 / 월 (연간 계약)	**₩6,000** 구성원 1인 기준 / 월 (연간 계약)	**₩10,000** 구성원 1인 기준 / 월 (연간 계약)
최대 100명까지 무료로 사용할 수 있는 업무용 메신저	**메시지 중심의 쉽고 빠른 협업이 필요한 기업에 가장 적합한 상품**	**메일과 드라이브 기능이 함께 필요한 기업에 강력 추천하는 상품**	**무제한 용량 메일과 드라이브가 필요한 기업에 특화된 상품**
무료로 시작하기	30일 무료 체험하기	30일 무료 체험하기	30일 무료 체험하기
공용 용량 ·5GB 기본 제공	**공용 용량** ·100GB 기본 제공 (1인당 1GB 추가)	**공용 용량** ·1TB 기본 제공 (1인당 1GB 추가)	**공용 용량** ·10TB 기본 제공 (1인당 1GB 추가)
구성원 수 ·100명까지 추가 가능	**구성원 수** ·제한 없음	**구성원 수** ·제한 없음	**구성원 수** ·제한 없음
기본 기능 ·메시지 ·외부 상대와 메시지 (네이버웍스, LINE) ·최대 4명 음성/영상 통화 (60분) ·최대 4명 화면 공유 (60분) ·그룹 대화방 생성 무제한 ·게시판 ·캘린더 ·주소록 (조직도 기반) ·할 일 ·설문 ·관리/보안 (일부 제한) ·감사/로그 (일부 제한) ·온라인 문의 지원	**Free의 모든 기능에 추가로** ·최대 200명 음성/영상 통화 ·최대 200명 화면 공유 ·관리/보안 (제한 없음) ·감사/로그 (제한 없음) ·모니터링 ·SLA 보증 ·유선 문의 지원 ·광고 없음	**Lite의 모든 기능에 추가로** ·메일 (30GB/인) ·드라이브 (30GB/인)	**Basic의 모든 기능에 추가로** ·메일 (용량 무제한/인) ·드라이브 (1TB/인) ·아카이빙

▲ 네이버 드라이브의 요금제

문서 작성 도구로 협업하기

📤 구글 문서 작성 도구

구글에서 제공하는 구글 문서 작성 도구는 구글 워크스페이스를 사용하지 않더라도 구글 계정만 있으면 누구나 무료로 사용할 수 있습니다. 마이크로소프트의 문서 작성 도구처럼 파일을 로컬 PC에 저장하는 게 아니라 구글 드라이브에 저장합니다. 따라서 파일의 생성, 보관, 공유, 편집도 모두 구글 드라이브 내에서 이루어집니다. 앱을 설치하고 다운로드할 필요 없이 웹브라우저(대표적으로 크롬)만 있으면 언제 어디서든 접근할 수 있습니다.

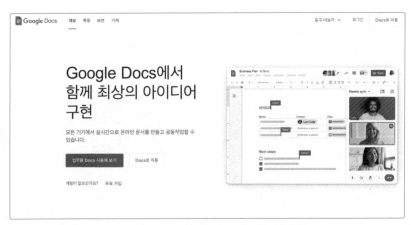

▲ 구글 문서 작성 도구 중 워드와 유사한 구글 문서

구글 문서 작성 도구의 주요 특징

구글 문서 작성 도구는 4가지 서비스를 제공합니다. 우선 워드와 유사하며 일반 문서를 작성하는 문서(Docs), 엑셀과 유사하며 데이터를 관리할 때 사용하는 시트(Sheet), 파워포인트와 유사하여 슬라이드를 작성할 수 있는 프레젠테이션(Slide), 그리고 설문 조사에 사용할 수 있는 설문지(Forms)가 있습니다. 실제 각 구글의 문서 작성 도구를 실행해 보면 마이크로소프트의 문서 작성 도구와 아주 유사한 형태임을 알 수 있습니다.

> **TIP** 구글에서 제공하는 문서 작성 도구 전체를 흔히 구글 독스라고 부르기도 합니다. 워드와 유사한 도구인 구글 문서(Docs)와 명칭이 혼용되서 사용되므로 헷갈릴 수 있습니다. 단, 이 책에서는 상위 개념으로 '구글 문서 작성 도구'로, 워드에 대응하는 도구를 '구글 문서'로 표현하므로 크게 혼란스럽지 않겠지만, 현업에서는 문장이나 맥락에 따라 파악하면 됩니다. 또한 하위 도구도 '스프레드시트', '구글 시트', 구글 스프레드시트'와 같이 명칭이 통일되지 않고 사용자에 따라 다르게 부르기도 합니다.

공유와 협업 구글 드라이브와 마찬가지로 구글 드라이브 내에 생성한 구글 문서 작성 도구에서 작성한 문서들도 손쉽게 공유할 수 있습니다. 현재 작성 중인 문서의 인터넷 주소를 복사하거나, 오른쪽 상단에 있는 [공유] 버튼을 눌러 링크를 생성한 후 링크를 전달해도 됩니다. 특정 사용자만을 공유 대상으로 설정할 수도 있으며, 공유 대상으로 초대된 사용자의 구글 계정으로 이메일이 발송되면 해당 사용자는 이메일 또는 링크를 통해 문서에 접근할 수 있습니다.

▲ 협업에 최적화된 구글의 문서 작성 도구
(출처: https://www.google.com/intl/ko_KR/docs/about/)

실시간 공동 작업 구글 문서 작성 도구의 가장 큰 장점은 실시간 공동 작업입니다. 마이크로소프트의 문서 작성 도구는 기본적으로 파일 형태로 로컬 PC에 보관하므로 공동 작업을 할 수 없습니다. 그러나 구글 문서를 이용하면 구글 드라이브에 보관되고 브라우저에서 확인하기 때문에 인터넷이 연결된 채로 링크만 있으면 누구나 실시간으로 수정되는 문서를 볼 수 있고, 댓글 허용이나 편집 허용으로 초대를 받으면 실시간으로 함께 편집할 수 있죠. 이를 이용하면 누군가 파일을 보내 줄 때까지 기다리지 않아도 되고, 담당자가 자리에 없을 때에도 쉽게 파일에 접근하여 내용을 확인하고 수정할 수 있습니다.

TIP 구글 문서 작성 도구만큼 편리하진 않지만 마이크로소프트에서도 원드라이브에 저장한 후 웹용 오피스(https://www.microsoft365.com/)를 이용하여 공동 편집 등을 할 수 있습니다. 하지만 데스크톱 앱의 모든 기능을 사용할 수는 없습니다.

오프라인 작업 오프라인 작업 기능을 이용하면 반드시 인터넷에 연결되어 있지 않아도 문서를 작성하거나 수정할 수 있습니다. 우선은 인터넷이 연결된 환경에서 해당 문서를 열고 상단 메뉴에서 [파일]-[오프라인 사용 설정]을 실행해 둡니다. 오프라인 상태에서 변경된 내용은 이후 다시 인터넷이 연결되었을 때 기존에 있던 버전과 동기화되면서 업데이트됩니다.

음성 입력 구글 문서 작성 도구 중 구글 문서에는 음성 입력 기능이 있습니다. 새로운 문서를 열고 상단 메뉴 바에서 [도구]-[음성 입력]을 선택해 보세요. 이 기능은 마이크가 연결된 상태에서 음성을 이용해 텍스트로 변환하는 것으로, 회의록 등을 작성할 때 유용하게 활용할 수 있습니다.

버전 관리 구글 문서 작성 도구는 구글 드라이브와 마찬가지로 버전 관리 기능을 제공합니다. 워드, 엑셀, 파워포인트에서는 버전 관리를 위해 다른 이름으로 저장해서 관리해야 합니다. 하지만 구글 문서 작성 도구는 별도로 저장할 필요 없이 자동으로 버전이 관리됩니다. 상단 메뉴 바에서 [파일]-[버전 기록]-[새 버전 이름 저장]을 선택하면 현재 작성 중인 내용까지를 원하는 이름으로 지정하여 버전을 생성할 수도 있고, [파일]-[버전 기록]-[버전 기록 보기]를 선택하면 자동으로 생성되어 있는 버전 목록을 확인할 수 있습니다. 버전 기록 목록에서 이전에 생성된 버전의 내용만 확인하거나 선택한 후 복원할 수도 있어 편리합니다.

구글 워크스페이스 내 연동 구글 문서 작성 도구는 구글 워크스페이스에 포함된 다른 서비스들과 연동하기도 편리합니다. 예를 들어 구글 캘린더에서 일정을 생성하면서 회의록을 추가하면 일정 이름과 동일한 구글 문서가 생성되며, 지메일을 보낼 때 구글 드라이브에 저장되어 있는 문서를 검색해 링크 형태로 전송할 수도 있습니다. 이처럼 구글 워크스페이스에 있는 모든 서비스들은 사소해 보이지만 적재적소에서 유기적으로 연동되어 사용자의 수고를 덜어 줍니다.

구글 함수 구글 시트에는 엑셀에 없는 구글 함수가 있습니다. 대표적으로 importrange 함수와 query 함수를 사용하면 서로 다른 파일에 있는 데이터를 사용자가 원하는 조건으로 필터링할 수 있습니다. 수천 개가 넘는 데이터 중 딱 필요한 데이터만 불러올 수 있는 기능이지요. 또한 googlefinance 함수를 사용하면 구글에서 제공하는 환율, 주가 정보 등을 불러와 최근 환율이나 주가 정보를 자동으로 업데이트할 수 있습니다.

빠른 새 문서 만들기 각 구글 문서 작성 도구의 새로운 문서를 크롬 브라우저에서 빠르게 생성할 수 있습니다. 다음과 같이 크롬 브라우저의 주소 입력줄에 원하는 서비스의 바로 가기 URL을 입력하면 됩니다.

▲ 구글 문서의 새로운 문서를 만드는 바로 가기 URL

서비스	바로 가기 URL
구글 문서	doc.new docs.new document.new documents.new

구글 시트	sheet.new sheets.new spreadsheet.new spreadsheets.new
구글 프레젠테이션	slide.new slides.new deck.new presentation.new
구글 설문지	form.new forms.new

추천하는 조직 구글 문서 작성 도구는 인터넷만 연결되어 있으면 언제든 사용할 수 있고, 인터넷이 연결되지 않더라도 오프라인 모드로 작업할 수 있으며, 실시간 공동 작업 기능 등 편리한 기능이 많으므로 어느 조직에서나 효과적으로 활용할 수 있는 도구입니다. 또한 좀 더 심화해서 구글 앱스 스크립트까지 활용하여 다양한 업무를 자동화할 수 있으므로, 어느 조직이든지 사용해 보길 추천합니다.

도구 사용 난이도 ★★☆☆☆

UI의 한글화가 잘되어 있고, 구글의 도움말 역시 자세하면서 한글화가 잘되어 있으므로, 익히기에 어렵지 않습니다. 구글 드라이브에서 새로운 문서를 생성하는 것만 다를 뿐 익숙하게 사용하던 워드, 파워포인트, 엑셀과 유사합니다. 또한 구글 드라이브에서 [새로 만들기]-(사용할 구글 문서 작성 도구)-[템플릿]을 선택하면 구글에서 제공하는 다양한 문서 템플릿을 활용할 수도 있습니다.

▲ 구글 문서의 다양한 템플릿

- **구글 문서 소개 영상**

https://youtu.be/0X_YRPgXmk8?si=KZL5r3SqJh4BLBbt

📤 마이크로소프트 365

국내를 넘어서 전 세계에서 가장 많이 사용하는 문서 도구가 마이크로소프트 365(Microsoft 365)입니다. 지금은 마이크로소프트 365로 불리지만, 불과 몇 년 전에는 오피스 365, MS 오피스 등으로 불렸습니다. 가장 익숙한 명칭은 마이크로소프트 365에 포함된 대표 서비스인 워드, 엑셀, 파워포인트일 겁니다. 마이크로소프트 365는 마이크로소프트에서 만든 업무 도구로 워드, 엑셀, 파워포인트 이외에도 원드라이브, 원노트, 팀즈, 파워 오토메이트 등을 포함하고 있죠.

한때 워드, 엑셀, 파워포인트 셋 중에 하나만 잘해도 굶어 죽지 않는다는 말이 있을 정도로 많은 회사에서 사용하고 있는 도구입니다. 특히 파워포인트와 엑셀은 꿀팁이나 노하우를 다루는 블로거나 유튜버가 활발하게 활동하고 있습니다. 또한 파워포인트와 엑셀을 가르치는 전문 강사나 컨설턴트도 많습니다. 그만큼 대부분의 직장인이 사용하는 도구라고 할 수 있습니다.

추천하는 조직 국내 대부분의 조직에서 마이크로소프트 365를 사용하고 있으므로, 특수한 경우가 아니라면 대부분의 조직에 어울리는 도구입니다.

마이크로소프트의 웹용 도구 사용하기

예전에는 마이크로소프트 365의 단점을 꼽으라면 실시간 협업 기능의 부재였습니다. 하나의 문서를 여러 명이 동시에 편집할 수 없고, 이 파일을 다른 사람에게 보내고 추가로 수정하는 과정에서 유실이나 손상 등이 발생하는 등 협업 작업에는 번거로운 점이 많았습니다. 하지만 이런 단점도 마이크로소프트에서 웹용 오피스를 출시하면서 어느 정도 해결되었습니다.

원드라이브를 기준으로 워드, 엑셀, 파워포인트 등의 서비스를 웹에서 사용할 수 있게 되었습니다. 따라서 원드라이브에 해당 문서를 저장한 후 링크 등의 방식으로 협업할 구성원을 초대하면 구글 문서 도구와 유사하게 실시간으로 협업할 수 있습니다. 로컬 PC에 설치해서 사용하는 것과 비교했을 때 기능이 일부 제한되어 있고, 메뉴의 위치가 다소 다르지만 사용하는 데 큰 불편함은 없습니다. 다만, UI/UX가 설치 버전과 차이가 있고, 자주 사용하는 단축키 등이 적용되지 않아서 아직까지는 활발하게 사용되지 않고 있습니다.

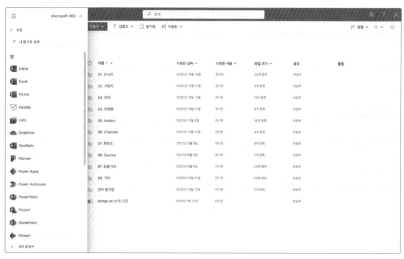

▲ 마이크로소프트의 웹용 문서 작성 도구

그러므로 마이크로소프트 365를 사용할 때에는 데스크톱에 설치할 수 있는 원드라이브와 함께 사용하는 것을 추천합니다. 원드라이브에서 설명한 것처럼 로컬 PC에 원드라이브를 설치한 후 동기화해서 사용하면 로컬 PC에 설치한 엑셀이나 파워포인트를 실행하여 문서를 작성하거나 편집하고, 협업할 때에는 원드라이브에 동기화되어 있으므로 실시간 동시 편집 기능이나 공유 기능을 사용할 수 있습니다. 또한 모든 파일이 원드라이브에 동기화되어 있으므로, 공유는 물론 로컬 PC에 문제가 생기더라도 다른 PC를 이용해 업무를 쉽게 이어 나갈 수 있습니다.

도구 사용 난이도 ★★☆☆☆

오랫동안 사용했고, 많은 사람이 사용하고 있기에 범용성이 가장 큰 장점입니다. 이 책에서 소개하는 여러 협업 도구 중에는 처음 들어보는 것도 있을 것입니다. 하지만 마이크로소프트 365의 엑셀, 파워포인트, 워드는 꼭 직장인이 아니더라도 모르는 사람이 없을 정도로 익숙한 도구입니다. 그만큼 관련된 정보나 노하우를 얻을 수 있는 채널도 많으며, 앞으로도 꾸준하게 증가할 것입니다.

▲ 국내 최고의 엑셀 강의, 오빠두엑셀(https://www.youtube.com/@Oppadu)

요금제 선택 가이드

마이크로소프트 365의 요금제를 선택할 때 주의할 점이 있습니다. 마이크로소프트 365의 비즈니스용 요금제 중 Basic과 Standard 두 요금제는 가격 면에서도 차이가 나지만 기능 면에서도 큰 차이점이 있습니다. 비즈니스용 요금제 중 Basic은 마이크로소프트 365를 이용한 가장 기본적인 협업 도구를 제공합니다. 워드, 엑셀, 파워포인트, 팀즈, 아웃룩, 원드라이브 등이죠.

이때 Basic 요금제에서 사용할 수 있는 도구는 웹용에만 해당합니다. 즉, 우리가 일반적으로 알고 있는 데스크톱용 프로그램을 다운로드하여 설치하는 것이 아니라 웹브라우저에 접속하여 사용하는 것만 가능하다는 이야기입니다. 웹용에서는 실시간 동시 편집이나 공유 등의 협업에는 유용하게 사용할 수 있지만, 일부 기능에 제약이 생깁니다. 대표적으로 웹용 워드에서는 캡션, 인용, 문서 요소, 색인, 메일 병합, 오프라인 보기 등의 기능이 제한되고, 웹용 엑셀에서는 외부 데이터 연결, 고급 분석 보기, 외부 참조, 수식 도구 등이 제한됩니다. 마찬가지로 웹용 파워포인트에서는 텍스트나 도형 서식, 애니메이션, 디자인 도구, 발표자 보기 등 중요 기능을 사용할 수 없습니다.

▲ 마이크로소프트 365 비즈니스용 요금제

📤 그 밖의 문서 작성 도구

대표적으로 소개한 구글의 워크스페이스와 마이크로소프트 365처럼 하나의 서비스에 반드시 하나의 기능이나 도구만 포함되어 있는 것은 아닙니다. 클라우드 스토리지 서비스만 이용할 계획으로 구글 워크스페이스를 선택하는 것이 아니라, 구글 워크스페이스를 도입하면 구글 드라이브를 포함해 문서 작성 도구부터 이메일 등의 다양한 도구를 사용하는 식이죠. 그러므로 문서 작성 도구를 선택할 때도 이런 점에 유의해야 합니다. 추가로 구글 워크스페이스나 마이크로소프트 365만큼은 아니지만 간단하게 문서 작성 도구로 활용할 수 있는 몇 가지 서비스를 소개하고 마치겠습니다. 이런 도구가 있다는 정도로 간단하게 파악하고 넘어가도 충분합니다.

노션 2013년 스타트업에서 시작한 도구로 문서, 프로젝트 관리, 데이터 관리 등 다양한 용도로 사용할 수 있습니다. 70여 가지 블록을 자유자재로 활용해 사용자의 용도에 맞게 활용할 수 있는 게 특징입니다. 워드처럼 텍스트나 이미지, 링크 등을 삽입하고, 편리하게 협업할 수 있는 동시에 동영상, 외부 서비스와 연동도 자유로운 편입니다. 또한 파일을 직접 첨부할 수도 있어 텍스트와 이미지만으로 작성하는 단순한 문서 형식에서 벗어나 다채롭게 꾸미고, 필요한 정보를 다양한 방법으로 시각화할 수 있습니다. 노션도 대체로 소규모 조직에서 많이 사용하고 있으며, 일부 접근이 막혀 있는 곳도 있습니다. 그러므로 노션의 접근이 막힌 기업과 협업한다면 노션 이외의 도구를 병행해서 사용해야 합니다.

• https://www.notion.so/

드롭박스 페이퍼 드롭박스라는 클라우드 스토리지 서비스에서 만든 문서 관리 도구입니다. 드롭박스에 저장한 워드, 엑셀, 파워포인트의 내용을 확인할 수도 있고, 드롭박스 자체에서 생성할 수도 있는 도구입니다. 구글 드라이브에서 구글 문서 작성 도구를 사용하는 것과 유사합니다.

• https://www.dropbox.com/ko/paper

컨플루언스 개발자들 사이에서 인지도가 매우 높은 아틀라시안(Atlassian)의 문서 작성 도구입니다. 아틀라시안에서 제공하므로 트렐로 등 각종 도구들과 원활하게 연동할 수 있으며, 마크다운 형식의 작성으로 개발자가 선호하는 문서 작성 도구입니다.

• https://www.atlassian.com/ko/software/confluence

옵시디언 100% 로컬에서 사용 가능한 개인 메모 앱으로, 제2의 두뇌로 각광받고 있는 서비스입니다. 마크다운 기법을 이용해 문서 작성이 편리하고, 옵시디언에 저장된 메모들을 서로 연결해주는 그래프 뷰를 통해 지식과 지식을 연결해 보며 효과적으로 지식을 저장할 수 있습니다. 개인 사용자는 무료이지만, 기업에서 사용하거나 협업을 하기 위해서는 비용을 지불해야 합니다.

• https://obsidian.md

타입드 국내에서 만든 문서 기반 협업 도구입니다. 문서를 작성할 때 참고했던 자료들도 모두 모을 수 있고, 참고한 자료들을 조직 전체에 공유하여 자료를 찾는 시간을 절약할 수 있습니다. 자료 조사가 빈번한 리서치 기관이나 논문 등을 공동 작성할 때 유용한 도구입니다.

• https://typed.do/

한컴독스 정부나 공공기관에서 많이 사용하는 한컴오피스가 구독형으로 출시되면서 등장한 서비스로 한글 파일(.hwp)을 웹에서 편집할 수 있습니다. 다른 협업 도구와 마찬가지로 공유, 협업이 용이하여 한컴오피스를 주로 사용한다면 유용한 서비스입니다.

• https://www.hancomdocs.com/ko/

폴라리스 오피스 글로벌 1억 가입자를 자랑하는 문서 기반 협업 도구입니다. 다른 도구들과 기능은 비슷하며, 한글 파일(.hwp)도 사용할 수 있습니다.

• https://www.polarisoffice.com/ko/

위에서 소개한 도구들의 공통점을 찾아보세요. 모두 웹 기반으로 로컬 PC가 아닌 인터넷이 연결된 환경이라면 어디서나 사용할 수 있다는 것입니다. 혼자만 간직하기 위해 작성하는 문서는 흔치 않습니다. 대부분의 문서는 다른 사람에게 전달하거나 공유해서 사용하기 때문에 범용성이 중요한 선택 기준이 될 수 있습니다.

작성자는 한글 파일(.hwp)가 편해서 한컴독스를 이용해 협업하고 싶은데, 다른 구성원은 워드(.docx)가 편해서 마이크로소프트 365를 사용한다면 협업이 불편하겠죠? 게다가 조직에서 사용하는 문서는 협업을 위해 파일을 전송하거나 공유해서 편집 권한을 주는 등 조직 내/외부의 사람과 함께 사용할 일이 많으므로, 조직 내부만 고려할 것이 아니라, 협력 업체까지도 고려해서 범용적인 문서 작성 도구를 선택하도록 하는 것이 좋습니다.

국내에 대부분의 조직에서는 워드, 엑셀, 파워포인트를 사용하고, 정부나 공공기관 관련 일을 한다면 한컴오피스까지 사용합니다. 이때는 마이크로소프트 365를 쓰지 않더라도 다른 이름으로 저장했을 때 워드, 엑셀, 파워포인트 같은 문서로 저장할 수 있는 도구를 추천합니다. 예를 들어 구글 문서 작성 도구는 구글 드라이브에 워드, 엑셀, 파워포인트를 저장해도 그 파일 그대로 수정, 편집, 공유, 협업할 수 있습니다. 모든 기능이 완벽하게 호환되지는 않지만 구글 문서 작성 도구로 완성한 문서 파일을 워드, 엑셀, 파워포인트 파일로 저장할 수 있습니다.

커뮤니케이션 도구로 협업하기

📤 가장 대중적인 업무용 메신저, 슬랙

슬랙(Slack)은 Slack Technologies에서 만든 인스턴트 메신저입니다. 일반적인 표현으로 커뮤니케이션 도구 또는 메신저라고 이야기합니다. 원래 글리치(Glitch)라는 게임을 만드는 회사에서 사내 업무 도구로 만들었으나, 개발하던 게임은 성공하지 못했고, 사내 업무 도구치고는 너무 잘 만들어진 메신저를 발전시켜 현재의 슬랙에 이르렀습니다. 뉴욕 증권거래소에 상장되어 있으며, 2020년에는 글로벌 고객 관계 관리(CRM) 소프트웨어 회사인 세일즈포스닷컴(Salesforce.com, Inc.)에 277억 달러(약 30조 원)에 인수되어 소프트웨어 인수 합병 금액으로 사상 최고액이라는 평가를 받았습니다.

슬랙은 카카오톡처럼 친구나 가족들에게 메시지를 보내는 개인용 메신저와는 달리 업무용으로 사용하는 메신저이므로, 공과 사의 구분을 확실하게 할 수 있습니다. 직장인에게 카카오톡 같은 개인용 메신저가 워낙 편리해서 업무에도 이용하다가 개인적인 메시지를 실수로 직장 상사에게 보낸다거나, 휴가 중에 업무 알림으로 불편하다는 등의 경험을 하기도 합니다. 하지만 업무 전용 메신저를 사용함으로써 이런 실수를 줄일 수 있고, 자료의 유출도 예방할 수 있습니다.

▲ https://slack.com/

슬랙의 주요 특징

메신저 사용에 있어 공과 사를 구분하는 대표적인 특징 이외에 다음과 같이 다양한 특징이 있습니다.

대화방의 구분 업무용 메신저와 개인용 메신저의 가장 큰 차이점은 채널(대화방)의 구성입니다. 개인용 메신저는 사람을 중심으로 채널을 만들기 때문에 하나의 채널에서 여러 프로젝트에 대해 논의할 때 업무 대화나 자료가 섞이죠? 그러나 업무용 메신저를 사용하면 주제를 중심으로 채널이 만들어집니다. 이전에는 김OO 사원, 박OO 대리, 장OO 과장, 전OO 부장이 하나의 채널에 있었다면 슬랙을 사용하면 프로젝트에 관련 있는 사람들만 해당 채널에 참여합니다. A 프로젝트에는 김OO 사원과 박OO 대리, 장OO 과장이 참여하고, B 프로젝트에는 박OO 대리, 장OO 과장, 전OO 부장이 참여하는 식이죠. 이렇게 주제를 중심으로 채널을 개설하면 대화 주제가 섞이지 않고, 파일을 공유해도 해당 프로젝트에 관한 파일들이 모두 채널에 있기 때문에 쉽게 찾을 수 있습니다.

세부적인 알림 설정 개인용 메신저를 업무용으로 쓸 때 불편한 점은 알림이 시도 때도 없이 울리는 것입니다. 여러 사람이 함께하는 단체 대화방이라면 더욱 신경이 쓰이죠. 그렇다고 알림을 끈다면 중요한 내용을 놓칠 수도 있어서 난감할 겁니다. 하지만 슬랙에서는 알림을 세부적으로 설정할 수 있습니다. 채널별로 알림을 켜고 끄는 것은 기본이고, 채널의 전체 알림을 끄고 있다가 사용자를 호출하는 알림만 켜거나 특정 키워드를 알림으로 설정할 수도 있습니다. 또한 특정 시간에만 알림을 켤 수도 있고, PC와 모바일의 알림 설정을 다르게 설정할 수도 있습니다. 채널별로도 서로 다르게 알림을 설정할 수 있기 때문에 훨씬 편리합니다.

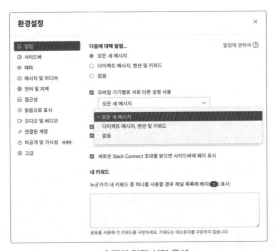

▲ 슬랙의 알림 설정 옵션

스레드 슬랙에는 메시지에 댓글을 다는 스레드(Thread)라는 기능이 있습니다. 누군가 메시지를 보냈을 때 그 메시지에 관련된 내용이라면 스레드 기능으로 좀 더 자세한 대화를 진행할 수 있습니다. 이렇게 메시지 속 메시지인

스레드 기능으로 집중해서 의견을 나눌 수 있으며, 새롭게 대화에 참여하는 사람도 메시지의 맥락을 쉽게 파악할 수 있습니다.

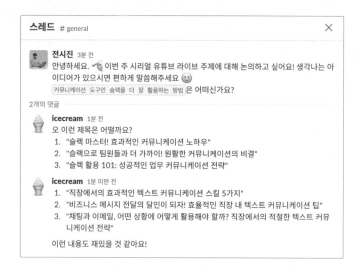

참고로 개인용 메신저의 댓글 기능을 보면 특정 메시지에 하나의 의견을 다는 형태로만 되어 있죠? 이렇게 의견을 남기는 형태로만 댓글을 남기면 메시지의 맥락을 파악하기 위해 모든 메시지의 내용을 다 읽어야 하는 번거로움이 있습니다.

이모지 슬랙에는 이모지라는 기능이 있습니다. 이모지는 메시지 작성 도중에도 사용할 수 있지만, 메시지에 반응을 나타낼 수도 있습니다. 공지사항, 전달사항, 참고사항 같이 상대방의 답변이 필요 없지만, 읽었는지 확인이 필

요할 때 효과적입니다. 우리가 자주 사용하는 개인용 메신저는 읽음 확인이
가능하지만, 슬랙은 읽음 확인 기능이 따로 없기 때문에 메시지를 읽었는지
확인할 수 없습니다. 메시지에 이모지를 남겨 메시지를 읽었다고 표시를 해
주면 불필요한 리소스를 줄일 수 있습니다. 또한 채널별로 개별화된 이모지
를 추가할 수 있습니다.

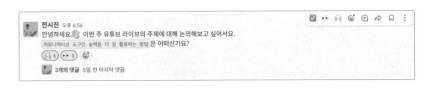

▲ 메시지 중간에 이모지를 사용하거나, 메시지에 대한 반응 등으로 이모지를 활용할 수 있습니다.

앱 연결 슬랙을 업무용 메신저로 사용했을 때 큰 장점 중 하나는 업무용 앱
추가 기능입니다. 일정 관리용 도구인 구글 캘린더, 화상 회의에 사용하는 줌
(Zoom) 등을 슬랙과 연동해 놓으면 이후 연결된 도구에서 변경이나 특정 상
황이 발생할 때 슬랙으로 알림을 받을 수 있습니다. 예를 들어, 구글 드라이
브를 연동한 상태에서 누군가 접근 권한을 요청했을 때 슬랙으로 알림을 받
을 수 있고, 구글 캘린더를 연동했을 때 오늘의 일정과 할 일을 슬랙에서 확
인할 수 있습니다. 심지어 지메일(Gmail)을 연동하면 필터를 이용해 특정 라
벨이나 수신인이 이메일을 보냈을 때 해당 이메일 내용을 슬랙으로 미리 확
인할 수도 있습니다.

이 외에도 수시로 서버 상태를 체크하는 개발자에게 서버 작동에 문제가 생겼을 때 자동으로 알림을 받거나 프로젝트를 관리할 때 업무 완료 현황 등에 대한 알림을 받을 수도 있습니다. 사용자가 지정한 키워드가 뉴스나 SNS 피드가 등록되었는지도 확인할 수 있습니다. 이처럼 슬랙과 다른 도구를 연동해서 사용하면 슬랙 내에서 다양한 업무 현황을 파악할 수 있게 됩니다.

워크플로 슬랙의 대표적인 장점을 하나 꼽으라면 자동화 프로세스인 워크플로를 이야기할 수 있습니다. 예를 들어 메시지에 특정 이모티콘을 추가하면 지정한 사용자에게 자동으로 메시지를 전송할 수 있습니다.

특정 이모지를 추가하여 '휴가신청'이란 메시지를 입력하면, 휴가 신청자에게 자동으로 휴가 신청 양식이 DM으로 전송됩니다. 휴가 신청자가 해당 양식을 입력하여 제출하면 휴가를 승인하는 관리자에게 양식이 제출되었다는 알림이 오죠. 관리자가 [승인] 버튼을 누르면 휴가가 승인되는 식입니다. 휴가 신청에 관한 데이터 취합은 물론 신청 프로세스를 자동화할 수 있기 때문에 불필요한 시간을 줄일 수 있습니다.

▲ 출처: 슬랙 홈페이지

또한, 새로운 팀원이 합류하면 자동으로 맞춤형 메시지가 나타나서 온보딩 프로세스를 진행할 수도 있습니다.

▲ 출처: 슬랙 홈페이지

도구 사용 난이도 ★★★☆☆

슬랙은 PC, 모바일 앱 모두 한국어 버전이 출시되었고, 초기 사용자를 위한 도움말도 한국어로 제공하고 있습니다. 하지만 여전히 사용하기 어렵다고 이야기하는 사용자가 제법 있습니다. 이는 국내에서 '메신저'라고 하면 가장 먼저 떠오르는 카카오톡의 영향이 크다고 생각됩니다. 거의 모든 국내 사용자가 오랫동안 사용해 온 카카오톡의 디자인이나 사용자 경험이 이미 친숙하게 자리 잡았기 때문입니다. 또한 처음 듣는 도구에 대한 경계심과 두려움이라는 심리적 요인도 어느 정도 작용하는 것으로 생각합니다.

처음 엑셀을 배울 때 셀 입력부터 사칙연산을 배우고, 점차 매크로 기능까지 사용하듯이 슬랙도 메시지를 보내는 방법부터 필요에 따라 알림을 설정하는 방법, 스레드를 생성하고 이모지 기능을 사용하는 방법 등 차근차근 배우면 충분히 익숙하고 편리하게 사용하게 될 것입니다.

▲ 슬랙 헬프센터

요금제 선택 및 추천 조직

작은 조직일수록 슬랙 요금제 선택은 단순합니다. 일단은 무료 요금제부터 시작하면 되고, 특별한 상황이 아니고서는 대부분 Pro 요금제로 충분합니다.

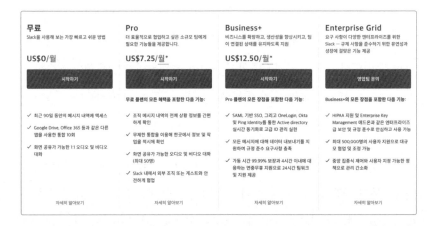

무료 Slack을 사용해 보는 가장 빠르고 쉬운 방법	Pro 더 효율적으로 협업하고 싶은 소규모 팀에게 필요한 기능들을 제공합니다.	Business+ 비즈니스를 확장하고, 생산성을 향상시키고, 팀이 연결된 상태를 유지하도록 지원	Enterprise Grid 요구 사항이 다양한 엔터프라이즈를 위한 Slack — 규제 사항을 준수하기 위한 유연성과 성장에 걸맞은 기능 제공
US$0/월	**US$7.25/월***	**US$12.50/월***	
시작하기	시작하기	시작하기	영업팀 문의
	무료 플랜의 모든 혜택을 포함한 다음 기능:	Pro 플랜의 모든 장점을 포함한 다음 기능:	Business+의 모든 장점을 포함한 다음 기능:
✓ 최근 90일 동안의 메시지 내역에 액세스	✓ 조직 메시지 내역의 전체 상황 정보를 간편하게 확인	✓ SAML 기반 SSO, 그리고 OneLogin, Okta 및 Ping Identity를 통한 Active directory 실시간 동기화로 고급 ID 관리 실현	✓ HIPAA 지원 및 Enterprise Key Management 애드온과 같은 엔터프라이즈급 보안 및 규정 준수로 안심하고 사용 가능
✓ Google Drive, Office 365 등과 같은 다른 앱을 사용한 통합 10회	✓ 무제한 통합을 이용해 한곳에서 정보 및 작업을 적시에 확인	✓ 모든 메시지에 대해 데이터 내보내기를 지원하여 규정 준수 요구사항을 충족	✓ 최대 500,000명의 사용자 지원으로 대규모 협업 및 조정 가능
✓ 화면 공유가 가능한 1:1 오디오 및 비디오 대화	✓ 화면 공유가 가능한 오디오 및 비디오 대화 (최대 50명)	✓ 가동 시간 99.99% 보장과 4시간 이내에 대응하는 연중무휴 지원으로 24시간 팀워크 및 지원 제공	✓ 중앙 집중식 제어와 사용자 지정 가능한 정책으로 관리 간소화
	✓ Slack 내에서 외부 조직 또는 게스트와 안전하게 협업		
자세히 알아보기	자세히 알아보기	자세히 알아보기	자세히 알아보기

무료와 유료 요금제의 가장 큰 차이는 메시지 보관 기한입니다. 무료 요금제에서는 메시지를 보낸 후 90일이 지나면 다시 볼 수 없고, 검색도 할 수 없습니다. 업무 히스토리를 자주 찾지 않고 실시간 메시지가 중요하다면 무료 요금제로도 충분합니다.

TIP 무료 요금제를 사용하다 유료 요금제로 업그레이드하면 90일이 지난 메시지도 다시 확인할 수 있습니다.

유료 요금제 중 가장 저렴한 Pro 요금제를 사용하게 되면 월 결제 시 1명당 $8.75를 지불하며, 1년간 사용비를 한 번에 결제하면 1명당 $7.25로 낮아집니다. 앞서 이야기했듯이 Pro 요금제면 충분히 많은 기능을 사용할 수 있으며, Business+ 요금제나 Enterprise Grid 요금제는 SAML 기반 SSO(사용자 인증 메커니즘)를 사용하거나, SCIM 프로비저닝(사용자와 그룹 정보의 동기화를 위한 프로토콜)을 이용한 사용자 관리 등의 보안을 강화한 것이라고 이해해도 됩니다. 강력한 보안이 필요한 기업이라면 상위 요금제를 사용하면 됩니다.

정리하면 10인 미만의 작은 조직에서는 무료 요금제를 사용해 보고, 90일 이전의 메시지 내역을 보거나, 연결할 도구가 10개 이상으로 늘어날 때 Pro 요금제로 업그레이드하는 걸 추천합니다.

추천하는 조직 IT 분야에서 주로 사용하고 있지만, 초기 스타트업이라면 어떤 기업이든 추천합니다. 특히 앱이나 워크플로 연결 등 다양한 업무 자동화가 가능하기 때문에 해당 기능을 잘 활용할 수 있는 분이나 개발자들이 있는 조직이라면 더할 나위 없이 편리한 도구입니다.

📥 국내에서 개발하여 친숙한 잔디

잔디(JANDI)는 슬랙과 같은 업무용 메신저로 국내의 토스랩이라는 회사에서 운영하는 업무용 메신저 서비스입니다. 슬랙이 서양권 사람들을 대상으로 만들어진 서비스라면, 잔디는 아시아권 사람들을 대상으로 만들어져 UI/UX가 슬랙에 비하여 더 친근하다는 장점이 있습니다. 서울을 중심으로 대만, 일본, 베트남 등 아시아의 다양한 국가에 기업 고객을 보유하고 있죠.

▲ https://www.jandi.com/

잔디의 주요 특징

잔디도 슬랙과 마찬가지로 커뮤니케이션 도구로서 주제별 대화방(토픽)을 생성할 수 있으며, 공개, 비공개 설정을 통해 원하는 구성원만 참여할 수도 있습니다. 이 외에도 다음과 같이 다양한 특징을 가지고 있습니다.

보드뷰 잔디는 커뮤니케이션을 위한 도구이면서 독특하게 보드뷰를 지원합니다. 보통의 채팅 창과 같은 챗뷰와 함께 페이스북이나 X(구 트위터)처럼 최신 내용이 상단에 나타나는 보드뷰를 선택해서 사용할 수 있습니다. 챗뷰에서는 내용을 분산해서 보내기 때문에 전달하고 싶은 내용이 쉽게 흩어지는 반면에 보드뷰에서는 이메일이나 게시판처럼 내용을 한곳에 모아서 전달할 수 있으며, 댓글 기능을 이용하여 전달한 내용에 대해 의견을 주고받을 수 있습니다.

▲ 잔디의 보드뷰(출처: 잔디 블로그 https://blog.jandi.com/ko)

알림 센터 잔디에서 오른쪽 위에 있는 종 모양 아이콘을 누르면 알림 센터가 열립니다. 이 알림 센터에서 사용자가 언급된 모든 메시지들을 모아서 볼 수 있습니다. 그러므로 자신이 꼭 봐야 할 중요한 메시지를 놓치지 않고 확인할 수 있습니다. 또한 보드뷰에서는 보드 알림도 모아서 볼 수 있습니다. 누가 보드 게시물을 올렸는지, 누가 게시물에 댓글을 작성했는지 파악할 수 있습니다.

수신 이력 확인 잔디에는 메시지를 보낸 후 누가 읽었는지 확인하는 수신 이력 확인 기능이 있습니다. 메시지 옆의 [확인] 버튼을 누르면 메시지를 읽은 사람의 목록을 실시간으로 파악할 수 있습니다.

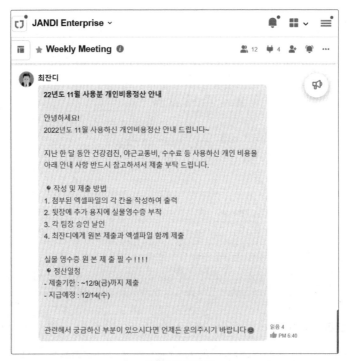

조직도 잔디가 아시아에 가장 적합한 커뮤니케이션 도구라는 것은 조직도 기능에서 드러납니다. 기업의 규모가 클수록 조직이 분산되고, 조직 간 소통이 원활하지 않아 구성원을 파악하기 어렵습니다. 그래서 기업들은 어떤 부서에 어떤 구성원이 소속되어 있는지 한눈에 파악할 수 있는 조직도를 만듭니다. 잔디에는 이런 조직도 기능이 포함되어 있으므로, 협업할 부서에 누가 있는지 쉽게 파악하여 메시지를 보낼 수 있습니다.

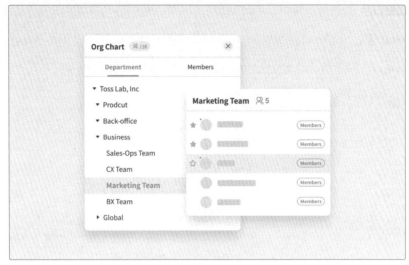

▲ 출처: 잔디 홈페이지

잔디 캘린더 잔디에는 일정을 관리할 수 있는 캘린더 기능도 포함되어 있습니다. 토픽과 팀원들의 캘린더를 추가할 수 있으며, 추가한 캘린더를 통해 동료들의 휴가, 회의, 재택 근무 등 일정을 한눈에 파악할 수 있습니다.

▲ 출처: 잔디 블로그

이모티콘 슬랙이나 마이크로소프트 팀즈는 작은 아이콘 형태의 이모지를 감정 표현 등에 활용하는 반면, 잔디는 이모티콘을 사용합니다. 업무에 적합한 이모티콘들이 갖춰져 있으므로 딱딱한 업무 분위기를 편안하게 풀어 주는 역할을 합니다.

▲ 출처: 잔디 블로그

할 일 업무용 메신저를 빈번하게 사용하는 업무 중 하나는 할 일 등록입니다. 메신저에서 대화를 나누면서 업무를 받거나, 다른 구성원에게 업무를 맡기기도 하죠. 잔디에는 할 일 기능이 포함되어 있어서 손쉽게 업무를 전달할 수 있습니다. 할 일 생성을 누르고, 할 일을 전달할 토픽을 선택한 후 내용, 담당자, 기간, 알림을 지정하면 됩니다.

해당 할 일은 지정된 토픽에 전달되고 담당자에게 알림이 갑니다. 담당자가 할 일을 완료하면 해당 토픽에서 할 일이 완료되었다는 메시지가 표시되어 토픽에 참여한 사람들에게 업무 처리 상황이 공유됩니다. 할 일은 0~100%까지 진행률을 표시할 수도 있어서 현재 할 일이 얼마나 진행되고 있는지도 한눈에 파악할 수 있습니다.

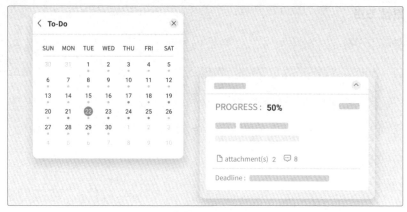

▲ 출처: 잔디 홈페이지

드라이브 업무 중에는 파일을 주고받을 수도 있습니다. 잔디에서는 잔디 드라이브라는 클라우드 스토리지 서비스도 제공하여 잔디에서 주고받는 파일을 저장하거나 잔디 드라이브에 올려둔 파일을 메시지로 보낼 수 있습니다. 클릭 몇 번으로 쉽게 파일을 보내고 저장할 수 있기 때문에 업무에 관련된 파일을 폴더 형태로 잔디 드라이브에 저장해 두면 관리가 편리하며 전사, 선택 멤버, 비공개 등 파일 공유 권한을 설정할 수 있습니다.

▲ 출처: 잔디 홈페이지

화상 회의 잔디를 사용하지 않는 기업이라면 줌이나 구글 미트와 같은 화상 회의 도구를 많이 사용하지만, 잔디를 사용한다면 구르미라는 자체 화상 회의 서비스를 이용할 수 있습니다. 화면 공유는 물론 문서 공유, 화이트보드 기능을 갖추고 있으며, 출석부 기능, 출석 시간과 총 입장 시간 트래킹 및 엑셀 파일로 다운로드, 가상 배경 기능과 녹화 기능 등 다른 화상 회의 서비스 못지 않는 다양한 기능을 제공합니다.

▲ 출처: 잔디 홈페이지

도구 사용 난이도 ★☆☆☆☆

국내에서 만든 서비스로, 다른 커뮤니케이션 도구에 비해 사용이 편리합니다. 업무용 메신저에서 많이 사용하는 UI/UX로, 왼쪽과 오른쪽의 패널, 중앙의 메시지 창 구조만 파악하면 남녀노소 누구나 쉽게 이용할 수 있습니다.

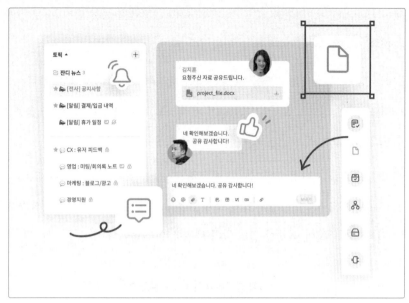

▲ 출처: 잔디 홈페이지

요금제 선택 및 추천 조직

잔디의 요금제는 무료, 프리미엄, 엔터프라이즈로 구분되어 있습니다. 대표적인 프리미엄 요금제는 월 결제 시 1명당 7,000원, 1년 단위 결제 시 1명당 월 5,000원의 비용이 발생합니다. 슬랙에서 가장 저렴한 요금제에 비해서도 좀 더 저렴한 편입니다. 게다가 조직도, 팀 사용량 대시보드, 업무 시스템 연동, 준회원, 2단계 인증까지 대부분의 기능을 이용할 수 있기 때문에 특별한 이유가 아니라면 프리미엄 요금제만으로 충분히 잔디를 잘 활용할 수 있습니다.

엔터프라이즈 요금제의 차이는 조금 더 많은 저장 공간과 메시지 예약 전송, 무제한 화상 회의, 무제한 준회원 초대를 사용할 수 있으며, 문서 워터마크,

보안 문서 바로보기, 접속 허용 IP 지정, 파일 다운로드 기록 확인 등 보안에 관련된 기능을 추가로 사용할 수 있습니다.

그러므로 잔디 도입을 검토할 때 요금제의 기준은 보안 기능이라고 할 수 있습니다. 사내 정보의 보안을 강력하게 설정하고 싶다면 엔터프라이즈, 적당한 보안으로도 충분하다면 프리미엄을 이용하면 됩니다.

무료 요금제를 사용하더라도 보안에 문제가 되는 것은 아닙니다. 국제 표준 정보보호 관리체계 ISO 27001과 국제 표준 클라우드 보안 인증 CSA STAR를 획득했기 때문에 걱정할 필요 없이 사용할 수 있습니다.

▲ 잔디의 보안 인증 획득

사용을 추천하는 조직 IT 도구와 상대적으로 덜 친숙하고 어렵다고 느끼는 구성원이 많은 조직일수록 잔디를 추천합니다. 협업 도구로서 필요한 대부분의 기능을 갖추고 있으면서도 사용이 어렵지 않아 누구나 쉽게 이용할 수 있기 때문입니다. 또한 대표적인 커뮤니케이션 도구인 슬랙보다 저렴하기 때문에 비용에 민감한 조직에도 추천합니다.

↗ 마이크로소프트 팀즈

팀즈는 마이크로소프트의 마이크로소프트 365에 포함된 서비스 중 하나로 커뮤니케이션 도구로 메시지 전달, 화상 회의, 공동 작업, 일정 관리, 할 일 관리 등 다양한 기능이 포함되어 있습니다. 기능이 워낙 방대하여 사용하면 할수록 새로운 기능을 발견하게 되고, 커뮤니케이션 도구를 넘어 협업 도구로 사용할 수 있습니다.

마이크로소프트 365의 요금제에 포함되므로 마이크로소프트 365를 도입한다면 별도의 커뮤니케이션 도구를 추가할 필요 없이 무료로 팀즈를 사용하면 됩니다. 물론 팀즈만 따로 구매할 수도 있지만 커뮤니케이션 도구로만 사용하기에는 다소 아쉬운 점들이 있으므로 커뮤니케이션 도구가 필요하다면 다른 업무용 메신저를 추천드립니다.

▲ https://www.microsoft.com/microsoft-teams/

팀즈의 주요 특징

앞서 언급했듯이 팀즈의 기능은 무척이나 다양합니다. 그중에서 특징적인 기능 몇 가지를 소개합니다.

화상 회의 최대 10,000명까지 지원하는 화상 회의 기능이 포함되어 있으며, 화상 회의를 녹화하고 공유할 수도 있습니다. 함께 모드를 이용하면 회의 참석자의 모습을 한 화면에 모아서 마치 한 공간에 있는 것처럼 표현할 수도 있습니다.

▲ 팀즈의 함께 모드

또한, 팀즈의 파워포인트 라이브(PowerPoint Live) 기능을 이용하면 발표자는 파워포인트 파일을 이용하여 발표를 진행할 수 있으며, 참석자들은 실시간으로 프레젠테이션 화면을 보면서 주석을 남기거나 스티커 메모 삽입, 그림과 도형, 텍스트 입력 등의 공동 작업을 진행할 수도 있습니다.

보안 마이크로소프트의 보안 기능을 모두 지원하며 사용자 인증, 데이터 보호, 업무 환경의 안정성 등을 보장합니다. 구글 워크스페이스의 보안 기능만큼이나 강력하며, 국제 표준 보안 인증은 물론, Cloud App Security와 같은 추가 보안 기능도 제공합니다.

앱 및 탭으로 통합 팀즈의 가장 강력한 기능은 다른 제품과 연결하는 탭 기능입니다. 슬랙이나 잔디는 단순히 다른 제품에서 오는 알림을 메시지 형태로 확인하지만 팀즈에서는 직접 열어 수정하고 편집할 수 있습니다. 이러한 팀즈의 탭 기능을 이용해 700여 개의 앱을 추가할 수 있습니다. 팀즈에서 오른쪽 위에 있는 [+] 버튼을 눌러 추가하려는 앱을 선택하면 됩니다. 이렇게 조직에서 사용하고 있는 각종 앱을 추가하면 다른 앱으로 전환하지 않고 효율적으로 이용할 수 있습니다. 예를 들어 엑셀 탭을 추가하면 우리 팀의 원드라이브에서 엑셀 파일을 찾아 열 수 있습니다.

▲ 팀즈에 탭으로 연결할 수 있는 다양한 앱

연결할 수 있는 앱 중 플래너(Planner)를 추가하면 채널에서 관리하고 있는 할 일을 목록, 보드, 차트, 일정 보기로 파악할 수 있습니다. 차트 보기를 이용하면 현재 작성된 업무 개수, 진행 중, 늦음, 완료됨의 상태에 따라 업무를 차트 형태로 볼 수 있으므로 해당 채널의 프로젝트가 얼마나 진행되었는지 쉽게 파악할 수 있습니다.

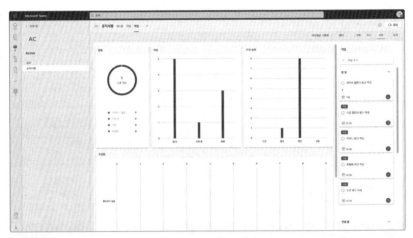

▲ 팀즈에 연결한 플래너

자동화 팀즈의 활용도를 높일 수 있는 또 한 가지 방법은 파워 오토메이트(Power Automate)를 활용한 자동화입니다. 슬랙의 워크플로와 유사한 서비스로, 다음 화면과 같이 나만의 작업 흐름을 만들어서 업무를 자동화할 수 있습니다.

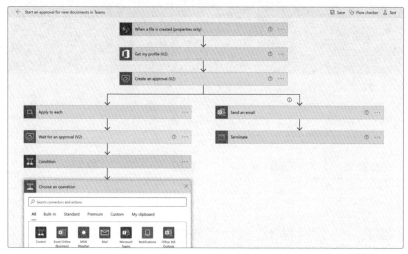

▲ 팀즈에서 파워 오토메이트를 활용한 작업 흐름 구조

예를 들어 '동료 중에 한 명이 원드라이브에 파일을 업로드하고 나를 담당자로 지정하면, 해당 파일의 링크를 나만의 채팅방에 보내고, 플래너에 작업을 생성해라'는 내용을 오토메이트의 흐름으로 생성하면 단 몇 초만에 자동으로 처리할 수 있게 됩니다. 게다가 업무 처리가 누락될 일도 없죠.

TIP 파워 오토메이트는 활용하기에 따라 무척 편리한 서비스지만, 이 주제에 대해 한 권의 책을 쓸 수 있을 정도여서 처음 사용한다면 다소 어려울 수 있습니다. 이럴 때는 파워 오토메이트에서 제공하는 다양한 템플릿을 활용할 수 있습니다. 아웃룩으로 전달받은 첨부 파일을 자동으로 원드라이브에 저장한다거나, 트위터에 특정 키워드가 업로드되면 이메일로 알림을 받는다거나, 플래너에 새로운 작업이 등록되면 아웃룩 캘린더에 자동으로 일정이 등록되는 등 자주 사용할 법한 흐름들이 템플릿에 등록되어 있습니다. 해당 템플릿의 다운로드 횟수와 인기 정도도 파악할 수 있으므로 직접 자동화하기 어렵다면 이러한 템플릿을 적극 활용해 보는 것도 좋습니다.

▲ 파워 오토메이트에서 제공하는 다양한 템플릿
(https://powerautomate.microsoft.com/ko-kr/templates/)

도구 사용 난이도 ★★★☆☆

팀즈의 도입을 준비 중이거나 팀즈의 사용을 시작한 조직들의 가장 큰 고민은 사용성입니다. 마이크로소프트 365를 도입한다면 포함된 서비스 중 하나인 팀즈도 별도의 조건 없이 사용할 수 있으며, 팀즈의 기능도 백과사전과 같아서 사용자에 따라서 얼마든지 업무 효율을 극대화할 수 있습니다. 그러나 초보자들이 사용하기에는 부적절하다는 평가가 많습니다.

가장 큰 이유는 어색한 번역입니다. 한글로 번역은 되어 있지만 하나의 의미를 '비즈니스', '작업', '업무' 등 여러 단어로 혼용해서 사용하며, '업계 고유의 앱'과 같이 이해하기 어려운 내용이 많습니다. 도움말도 마찬가지죠. 또한 UI/UX가 어렵다는 평가도 많이 보입니다.

▲ 팀즈의 기본 메시지 작성 창

무엇보다 한글 도움말이 다른 서비스에 비해 빡빡한 문서 형태여서 읽기가 어렵습니다. 그러므로 팀즈 사용을 고려한다면 사내 활용도를 높이기 위해 별도 교육도 고려해야 합니다. 처음 사용이 어렵지만, 그래도 기능을 조금씩 익혀 나간다면 분명 유용한 도구입니다.

요금제 선택 및 추천 조직

팀즈의 요금제를 선택하는 방법은 따로 없습니다. 마이크로소프트 365에 포함되어 있기 때문이죠. 마이크로소프트 365의 요금제 선택에 대한 방법은 원드라이브 내용을 참고하면 됩니다.

추천하는 조직 마이크로소프트 365를 사용하는 조직이라면 팀즈 사용을 추천합니다. 마이크로소프트 365는 업무 생태계가 아주 잘 갖춰져 있으므로 처음 시작할 때의 사용상 어려움이라는 장벽만 잘 극복하면 여러분의 업무 시간을 더욱 효율적으로 사용할 수 있을 것입니다.

🔖 커뮤니케이션 도구를 잘 사용하려면?

스레드 기능의 활용

슬랙의 특징을 이야기하면서 스레드에 대해 언급했습니다. 간단히 말해 대화방(채널)에서 누군가 작성한 메시지에 댓글을 남기는 기능이며, 최근의 커뮤니케이션 도구는 대부분 이 기능을 갖추고 있습니다. 새롭게 시작된 하나의 주제 메시지를 기준으로 스레드를 쌓아간다면 해당 주제에 관해 나눈 의견을 일괄 확인하기도 편하고 대화의 맥락을 쉽게 파악할 수 있습니다.

이러한 스레드를 제대로 활용하려면 처음 메시지부터 이메일처럼 작성해야 합니다. 이메일을 보낼 때 최대한 맥락과 배경을 모두 넣어서 작성하듯이 업무용 커뮤니케이션 도구에서 메시지를 작성해야 합니다. 하나의 메시지를 전달할 때도 육하원칙에 따라 입력하는 것이 좋습니다. 그래야 대화에 뒤늦게 참여한 구성원도 해당 메시지와 포함된 스레드를 통해 주제와 맥락을 쉽게 파악할 수 있기 때문이죠. 개인용 메신저를 이용하는 것처럼 한 문장마다 또는 한 단어마다 별도의 메시지를 보내면 처음부터 대화에 참여하지 않았던 구성원은 무한대로 쌓여 있는 메시지에서 주제와 그에 따른 대화의 흐름을 파악하기 위해 많은 시간을 낭비하게 될 것입니다.

육하원칙에 따른 주제 메시지와 스레드 활용이 잘 지켜졌다면 해당 그룹의 메시지 창에는 논의 중인 주제 개수와 동일한 개수의 메시지와 메시지별 스레드로 깔끔하게 정리되어 있을 것입니다.

비공개, DM 사용의 지양

커뮤니케이션 도구의 대화방은 공개, 비공개, DM(Direct Message)으로 구분할 수 있습니다. 모든 사람이 반드시 참여하는 전체 대화방도 있으며, 이는 메신저에 초대된 모든 인원이 자동으로 가입되는 대화방입니다. 공지사항을 전달하는 용도로 적합하죠. 메신저에 초대된 모든 사람이 내용을 보기 때문에 개인 업무나 특정 프로젝트 관련 대화를 나누기에는 부적절합니다.

먼저 공개 대화방은 누구에게나 공개되어 있는 채널입니다. 그러나 모든 사람이 참여하고 있지는 않습니다. 공개 채널에 들어와 있는 사람이 다른 사람을 초대하거나, 참여하고 있지 않은 사람이 스스로 검색해서 들어갈 수 있습니다. 비공개 대화방은 초대받은 사람만 들어갈 수 있습니다. 일부 구성원만 공유해야 하는 이야기를 나누는 공간이죠. 마지막으로 DM은 1:1 메시지입니다. 특정 구성원과 대화를 나눌 때 이용하는 채널입니다.

일반적으로 조직에서는 보안 문제나 관련성 등의 이유로 비공개 대화방이나 DM을 주로 이용합니다. 물론 사적인 이야기라면 DM을 이용해야 하지만 그렇지 않고 업무 관련된 내용임에도 비공개나 DM을 이용한다면 조직 내 정보 단절을 초래합니다. 같은 목표를 향해 나아가는 조직 내에서 서로 다른 정보를 가지고 정보의 불균형이 발생한다면 구성원 서로 간의 신뢰가 낮아지므로 한 방향으로 나아가기 바쁜 조직이 방향성을 잃게 될지도 모릅니다. 모든 정보를 투명하게 공유하기 위해 원하는 구성원은 누구나 참여할 수 있도록 모든 대화방을 공개로 설정하는 걸 추천드립니다.

규칙적인 대화방 명칭의 사용

구성원이 많아질수록 업무용 메신저의 대화방도 많아질 겁니다. 당연히 구성원마다 참여 중인 대화방도 많아지겠죠. 이럴 때일수록 누구나 각 대화방의 목적이나 주제 등을 명확하게 파악할 수 있도록 대화명을 설정해야 합니다. 그러므로 대화방의 이름을 설정할 때는 조직만의 규칙을 만들어서 사용하는 것을 추천합니다. 대표적인 커뮤니케이션 도구인 슬랙의 헬프센터에서는 접두사를 붙이는 형태로 대화방 이름을 생성하기를 추천합니다. 예를 들면 특정 팀에게 업무를 요청하는 대화방이라면 요청이라는 키워드를 붙여서 '요청-디자인', '요청-인사총무'처럼 대화방 이름을 작성하고, 특정 프로젝트에 관한 대화방이라면 PJ(Project의 줄임말)를 붙여서 'PJ-유튜브', 'PJ-뉴스레터'처럼 대화방 이름을 작성합니다. 이처럼 조직만의 규칙을 만들어 사용하면 모든 대화방의 이름이 일괄된 규칙으로 생성되므로 참여하고 싶은 대화방을 손쉽게 찾을 수 있습니다.

또한 대화방 목록은 명칭으로 정렬되는 경우가 많으므로 이를 고려하여 숫자, 알파벳, 기호 등을 접두사로 활용하여 정렬 순서를 조절할 수 있습니다. 예를 들어 모든 구성원이 참여해야 하는 대화방에는 맨 앞에 숫자 1이나 알파벳 a를 쓰고 대분류, 중분류, 소분류로 내려갈수록 접두사의 숫자나 알파벳을 점점 증가시키는 방식입니다. 아래와 같이 슬랙에서 추천하는 대화방(채널명) 생성 규칙을 참고하여 조직만의 대화방 생성 규칙을 만들어 보세요.

채널명	설명
지원-	질문을 하거나 다른 팀 또는 부서의 정보를 찾는 대화방 예) #지원-혜택, #지원-재무, #지원-IT
팀-	업무 활동 조정이나 문의가 필요한 대화방 예) #팀-개발, #팀-영업, #팀-마케팅, #팀-디자인
PJ-	특정 프로젝트에 참여하는 대화방 예) #PJ-유튜브, #PJ-뉴스레터, #PJ-2023코엑스

동아리-	사내 동아리 활동을 지원하는 대화방 예) #동아리-러닝, #동아리-보드게임, #동아리-맛집탐방
1	모든 구성원이 참여해야 하는 대화방 예) #1-공지사항, #1-정보공유
2	특정 팀 구성원이 참여하고 있는 대화방 예) #2-개발, #2-마케팅, #2-디자인
3	특정 팀 내에서 특정 프로젝트를 진행하는 대화방 예) #3-개발-웹사이트, #3-개발-백엔드, #3-마케팅-유튜브
4	팀 간 협업하는 대화방 예) #4-개발-디자인, #4-디자인-마케팅, #4-마케팅-경영전략
[팀]	팀별 대화방 예) [팀] 개발, [팀] 마케팅, [팀] 디자인
[공지]	공지사항용 대화방 예) [공지] 전체, [공지] 개발, [공지] 디자인
[프로젝트]	특정 프로젝트를 위한 대화방 예) [프로젝트] IT EXPO 2023, [프로젝트] 2023 연말 마케팅
[TF]	TF를 위한 대화방 예) [TF] 2023 하반기 워크숍, [TF] 개발자 대규모 채용

▲ 대화방 이름 예시(출처: https://bit.ly/3KGYReV)

프로젝트 관리 도구로
협업하기

⤴ 거의 모든 업무를 하나로, 노션

노션은 All in one Workspace라는 슬로건을 내걸고 메모, 문서, 지식 정리, 데이터 관리, 프로젝트 관리 등 다양한 용도로 사용할 수 있는 도구입니다. 노션의 창업자는 '개발자가 아니더라도 코딩 없이 홈페이지를 만들 수 있도록 만든 서비스'라고 했지만 홈페이지를 넘어서 일기, 습관 관리, 고객 관리, 매출 관리, 블로그, 포트폴리오, 채용 공고 등 사용자에 따라 원하는 용도로 자유롭게 사용할 수 있습니다. 한 노션 사용자는 "노션의 한계는 나의 상상력이다"라고 말할 정도로 노션은 다양하게 활용되고 있습니다.

▲ https://www.notion.so/

예를 들어 가계부 작성이라는 같은 목적으로 노션을 사용하더라도 사용자에 따라 그 방식이나 형태가 수십, 수백 가지가 될 정도로 노션의 쓰임은 무궁무진하다고 할 수 있습니다.

노션을 업무에 사용한다면 파일, 문서, 일정 관리 도구로 사용할 수 있습니다. 하지만 여기서 프로젝트 관리 도구로 소개하는 이유는 다른 프로젝트 관리 전문 도구들과 비교했을 때 부족함 없이 강력하고, 실제로 많은 조직에서 프로젝트 관리 도구로 사용하고 있기 때문입니다. 또한 All in one Workspace라는 슬로건에 맞게 프로젝트 관리에 필요한 모든 정보를 노션 하나에 모을 수 있습니다.

우리가 업무를 하다 보면 구글 드라이브, 구글 캘린더, 파워포인트, 엑셀, 포토샵, 일러스트레이터, 이미지, 영상 기사 등 다양한 종류의 파일이 생성됩니다. 또한 깃허브, 피그마, 줌 등 다양한 서비스를 이용하기도 하죠. 이처럼 다양한 종류의 파일이나 서비스를 이용할 때면 해당 파일이나 서비스 간의 전환에도 적지 않은 리소스가 필요합니다. 하지만 노션을 이용한다면 프로젝트에 관련된 업무 자료 처리를 노션 한곳에서 대부분 해결할 수 있다는 것입니다.

노션의 주요 특징

블록 구조 노션은 레고 블록에 비교하기도 합니다. 레고 블록을 자유롭게 조립하여 원하는 모양을 만들 듯 노션에서도 제공하는 다양한 종류의 블록(노션의 최소 단위이자 기능)을 조합하여 목적에 따라 메모, 프로젝트 관리, 고객 관리, 홈페이지 등을 만들 수 있습니다. 모든 사용자에게 같은 종류의 블록이 제공되지만 어떻게 잘 활용하는지는 사용자의 역량에 따라 달라집니다.

사용하는 블록의 종류, 배치하는 형태 등을 사용자에 따라서 맞춤형으로 활용할 수 있는 것입니다.

실시간 협업 협업 등으로 함께 사용하는 도구일수록 실시간 반영이 중요합니다. 업무를 이미 완료했는데 도구에서 진행 중이라고 표시된다면 그만큼 업무 처리가 지연될 수 있기 때문입니다. 대부분의 클라우드 기반 서비스들이 그렇듯 노션도 실시간 공동 작업이 가능합니다. 프로젝트 관리를 위해 페이지를 만들고 초대받은 사용자라면 누구나 해당 페이지에서 실시간으로 편집할 수 있습니다. 그러므로 프로젝트나 업무의 진행 상황도 실시간으로 빠르게 확인할 수 있습니다.

데이터베이스 노션으로 프로젝트를 관리할 때 가장 많이 사용하는 블록인 데이터베이스는 데이터를 한 번 입력하면 표, 보드, 캘린더, 리스트, 갤러리, 타임라인 등 6개의 보기 방식으로 변경할 수 있습니다. 일정, 진행 상황, 담당자, 숫자 속성들을 활용할 수 있으며, 엑셀의 함수와 유사한 수식을 사용할 수 있고, 여러 데이터베이스를 연결하여 하나의 데이터베이스처럼 통합해서 볼 수도 있습니다.

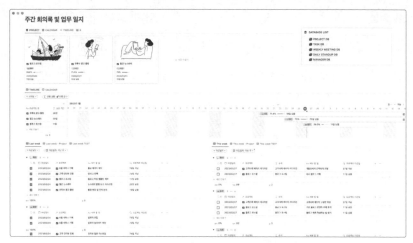

▲ 노션 데이터베이스 블록의 활용 사례

공유 및 권한 설정 프로젝트 관리 페이지를 만들어 외부에 공유하거나 사용자를 초대하는 방법도 간편합니다. 또한 페이지별로 권한을 설정할 수 있기 때문에 개인별, 조직별로 서로 다른 모습의 페이지를 쉽게 공유할 수 있습니다.

다양한 템플릿 노션을 처음 사용하는 사용자 중 많은 사람이 "노션의 다양한 용도는 알겠는데 어떻게 사용해야 할지 모르겠어요."라고 이야기합니다. 그때마다 저는 다른 사용자들이 만든 템플릿을 이용해 보라고 이야기합니다. 노션 공식 템플릿 갤러리나 저의 템플릿 제공 페이지를 방문하면 다양한 노션 템플릿을 확인할 수 있습니다. 노션을 처음 사용하면 백지부터 시작하니 막막할 수 있으니 템플릿부터 시작해서 빠르게 노션에 적응해 보세요.

• **저자의 템플릿 페이지:** https://www.sireal.co/templates
• **노션 공식 템플릿 갤러리:** https://www.notion.so/ko-kr/templates

AI 기능 노션에는 챗GPT와 같은 기능인 노션 AI가 포함되어 있습니다. 빈 텍스트 블록에서 [Spacebar] 키를 누르면 바로 사용할 수 있으며 한국어도 지원되므로 손쉽게 AI를 이용할 수 있습니다. 무료 사용 횟수가 정해져 있으며, 무제한으로 이용하려면 한 달에 $10의 요금을 결제하면 됩니다.

▲ 노션 AI의 활용 사례

API의 활용 노션은 API를 이용해 더 많은 업무 도구와 연결할 수 있습니다. 슬랙, 구글 드라이브, 아사나, 트렐로, 줌 등을 연결하여 업무 데이터를 노션에서 살펴볼 수 있습니다. 또한 자동화 도구인 자피어(Zapier)를 연결하면 더 많은 업무 자동화를 구현할 수 있답니다. 실제로 저는 강의, 컨설팅 문의가 들어오면 자동으로 노션 데이터베이스에 쌓이도록 하고, 노션 데이터베이스에 만들어진 업무 내용으로 할 일을 만들어서 업무를 관리하고 있습니다. 강의 후기도 자동으로 홈페이지에 나타나도록 되어 있습니다.

▲ 노션과 API로 연결할 수 있는 다양한 업무 도구

도구 사용 난이도 ★★★☆☆

모든 도구가 그렇듯이 잘 활용하는 다른 사용자들의 모습을 보고 시작하기 때문에 처음에는 어렵다고 느낄 수 있습니다. 하지만 한국어 도움말도 잘되어 있고, 사용법을 알려 주는 유튜브 강의, 책 등이 많기 때문에 사용법을 익히는 것은 어렵지 않습니다. 또한 페이스북 그룹이나 네이버 카페 등 국내 노션 사용자 모임이 활발하게 운영되고 있기 때문에 조금만 찾아보면 다양한 노하우를 얻을 수 있습니다.

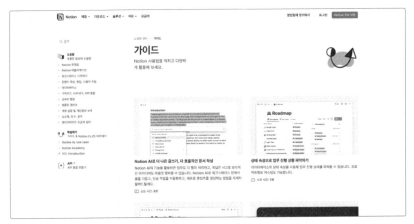

▲ 노션의 한국어 가이드

- **네이버 노션 사용자 모임:** https://cafe.naver.com/notionkr
- **페이스북 노션 사용자 모임:** https://www.facebook.com/groups/notion.so

요금제 선택 및 추천 조직

노션의 요금제는 무료, 플러스, 비즈니스, 엔터프라이즈 4가지입니다. 우선 10인 미만의 조직이라면 무료 요금제로 사용성을 테스트해 보는 걸 추천합니다. 무료 요금제에서는 게스트를 10명까지 초대할 수 있으므로 각 구성원을 게스트로 초대해서 사용하면 됩니다. 블록 사용 개수는 무제한이기 때문에 얼마든지 다양한 형태로 노션 페이지를 구성할 수 있습니다. 다만, 파일 업로드 용량이 5MB로 제한되므로, 용량이 큰 파일은 구글 드라이브 등에 업로드한 후 링크 형태로 추가하면 됩니다.

본격적으로 노션을 업무 도구로 사용한다면 플러스 요금제를 이용하면 됩니다. 월 결제 시 1명당 $10, 1년 단위 결제 시 1명당 월 $8의 비용이 듭니다.

플러스 요금제부터는 파일 업로드 용량의 제한이 무제한으로 변경되고, 게스트는 총 100명까지 초대할 수 있게 됩니다. 가장 기본적인 팀 단위 요금제이며, 커스터마이징 도메인, 30일의 페이지 기록, 그룹, 보안 설정 등 다양한 기능을 이용할 수 있습니다.

다음으로 비즈니스 요금제는 월 결제 시 1명당 $18, 연 단위 결제 시 $15입니다. 보안 기능과 비공개 팀스페이스 기능이 추가됩니다. SAML SSO 로그인을 통해 이중 보안 로그인 기능을 이용할 수 있으며, 초대받은 멤버만 사용할 수 있는 비공개 팀스페이스를 사용할 수 있습니다. 또한 PDF로 페이지 내용을 일괄 내보낼 수 있는 기능이 추가됩니다.

마지막 엔터프라이즈 요금제는 사용자 프로비저닝까지 추가됩니다. 또한 비즈니스 요금제보다 더 강력한 보안과 제어, 감사 로그까지 확인할 수 있으므로 어떤 사용자가 노션에서 어떤 행동을 취했는지 파악할 수 있습니다. 기업 내 보안 문제로 염려가 된다면 엔터프라이즈 요금제를 사용하면 됩니다.

▲ 노션의 요금제 종류

추천하는 조직 노션은 개인이나 소규모 사무실부터 대기업까지 모두 사용하고 있습니다. 새롭게 시작하는 팀이나 조직은 물론, 기존 방식과 다르게 업무를 하고 싶은 팀까지 대부분의 조직에게 추천하는 강력한 도구입니다.

📤 단순함으로 승부하는 트렐로

트렐로(Trello)를 프로젝트 관리에 추천하는 가장 강력한 이유는 바로 단순함입니다. 여러 프로젝트 관리 도구는 일정, 파일, 문서, 커뮤니케이션, 진행 상황 등 다양한 기능을 포함하고 있습니다. 그러므로 도구를 처음 접한 후 기능을 익히느라 많은 시간과 비용을 투자해야 하고, 신규 입사자가 생길 때마다 도구 사용 방법을 위해 교육 시간을 할애해야 합니다.

하지만, 트렐로는 부수적인 기능을 빼고 프로젝트 관리에 꼭 필요한 기능만 가장 단순한 형태로 사용할 수 있는 도구입니다. 그러므로 누구나 쉽게 사용 방법을 익힐 수 있으므로 처음 접하는 사용자도 부담 없이 사용할 수 있습니다.

트렐로의 주요 특징

트렐로는 보드, 리스트, 카드 3개의 구조로 이루어져 있습니다. 프로젝트 관리를 위해 자주 이용되는 칸반(Kanban) 보드 형태가 가장 기본이며, 리스트에 포함된 카드들을 드래그하여 이동시키며 프로젝트 진행 상황을 관리합니다.

▲ 트렐로의 기본 레이아웃(https://trello.com/)

위 트렐로 화면에서 왼쪽 상단에 'Project Management'라고 표시된 곳이 이 보드(프로젝트)의 이름입니다. 그러므로 2023년 상반기 워크숍을 위해 보드를 만든다면 이 부분에 '2023년 상반기 워크숍'이라고 입력하면 됩니다. 보드에는 리스트들이 가로 방향으로 나열되어 있습니다. 위 화면에서 참고 자료를 모아 둔 Project Resources, 다음 미팅에 질문할 내용을 모아 둔 Questions For Next Meeting, 진행 전 할 일을 모아 둔 To Do 등이 리스트에 해당되며, 각 리스트에 들어 있는 것들이 카드입니다.

카드는 트렐로에서 가장 작은 단위이며, 카드별로 업무를 생성할 수 있습니다. 각 카드에는 담당자 지정, 파일 첨부, 일정 설정, 체크리스트 작성 등 다양한 형태의 자료를 담을 수 있으며, 댓글 기능으로 해당 업무를 처리하는 데 필요한 의견을 주고받을 수 있습니다.

트렐로는 새로운 프로젝트를 생성하면 복잡한 설정 없이 시작할 수 있습니다. 리스트가 많아서 복잡할 것 같으면 진행 전, 진행 중, 완료로 3개의 리스트만 만들고, 업무 목록들을 카드로 배치해서 시작하면 됩니다. 새로운 업무가 생기면 진행 전 리스트에 카드를 추가하고, 업무 중에 자료나 마감 기한이 필요하면 해당 카드 내에 추가하면 됩니다.

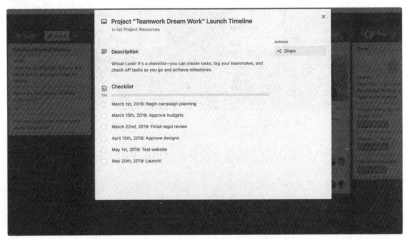

▲ 트렐로의 가장 작은 단위인 카드를 펼친 상태

프로젝트의 일정 관리도 간편합니다. 버튼을 클릭하면 카드에 설정해 둔 일정을 캘린더 형태로 볼 수 있으므로, 어떤 업무를 언제까지 해야 하는지, 언제 업무가 완료되는지 쉽게 파악할 수 있습니다.

▲ 트렐로의 캘린더 일정 관리

트렐로를 사용한다면 보드와 카드를 어떻게 구분할지 고민해 보기 바랍니다. 팀 단위로 트렐로를 사용한다면 팀 전체가 하나의 보드가 되고, 팀에서 맡고 있는 프로젝트를 카드 단위로 생성합니다. 리스트는 물론, 진행 상황으로 To do, In Progress, Done 형태로 만들면 됩니다. 팀 단위로 보드를 만들면 팀에서 진행 중인 모든 프로젝트를 한눈에 볼 수 있습니다. 또한 주간 정기 회의를 진행할 때도 별다른 회의록을 확인할 필요 없이 트렐로에서 프로젝트 전체를 브리핑할 수 있습니다. 회의에서 나온 내용은 카드 내에 설명이나 피드백으로 기록하면 충분합니다.

진행 상황이 단순히 To do, In Progress, Done으로 끝나지 않는다면 아이디어, 진행 전, 진행 중, 피드백, 완료와 같이 5단계로 만들거나 요청, 진행 전, 진행 중, 피드백, 완료, 보류, 취소와 같이 7단계로 변형할 수도 있습니다. 콘텐츠를 제작하는 곳이라면 진행 전, 1차 초안, 1차 피드백, 2차 진행, 2차 피드백, 최종 시안, 업로드와 같이 리스트를 계획해 볼 수도 있습니다.

도구 사용 난이도 ★★☆☆☆

도구 사용 난이도는 프로젝트 관리 도구 중 단연 가장 낮은 편에 속합니다. 아쉽게도 한글 버전은 지원되지 않습니다. 그러나 트렐로의 구조인 보드, 리스트, 카드만 이해하면 됩니다. 별도의 기능을 사용하는 것이 아니라 할 일이 생길 때마다 카드를 만들고 카드에 필요한 내용을 입력하기만 하면 되기 때문입니다.

요금제 선택 및 추천 조직

트렐로도 무료와 유료 요금제가 구분되지만 무료 요금제만으로도 충분하다고 이야기할 수 있을 정도로 무료 요금제의 기능이 훌륭합니다.

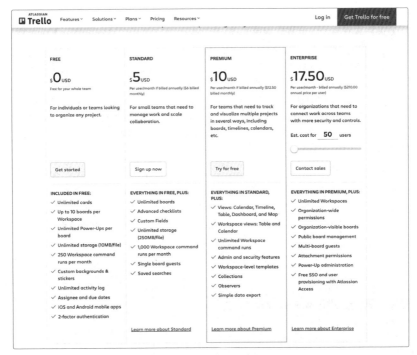

▲ 트렐로의 요금제

추천하는 조직 무료로 사용할 수 있는 도구이며, 간단하면서 강력한 프로젝트 관리 기능을 제공하므로 TF와 같은 임시 팀에 적합합니다. 또한 예전 업무 방식에서 새롭게 SaaS를 이용해 보고 싶은 팀에서도 가볍지만 강력한 트렐로를 이용해 업무 방식과 진행 등을 테스트해 보는 것도 좋습니다.

일정 관리 도구 및 기타 협업 도구 살펴보기

대표적인 일정 관리 도구, 구글 캘린더

구글 캘린더는 구글 워크스페이스에 포함되어 있으므로 어떤 요금제든 자유롭게 사용할 수 있는 대표적인 일정 관리 도구입니다. 전 세계 일정 관리 도구의 표준이라고 볼 수 있죠. 이유는 대부분의 일정 관리 도구들과 구글 계정이 연동되기 때문입니다. 안드로이드, iOS, 윈도우, 맥OS 구분하지 않고 구글 캘린더에 등록된 일정들이 모두 동기화됩니다. 무엇보다 더욱 강력한 타사 일정 관리 도구에서도 로컬 데이터가 아니라 구글 캘린더의 데이터를 동기화해서 그대로 가져올 수 있는 경우가 많습니다.

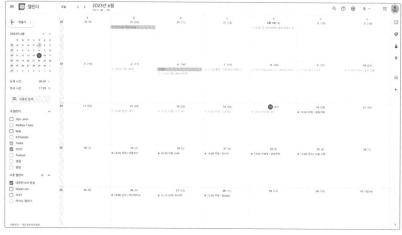

▲ 거의 모든 도구들과 동기화되는 구글 캘린더

구글 캘린더의 주요 특징

캘린더별 일정 관리 대부분의 일정 관리 도구와 마찬가지로 구글 캘린더에서도 새 캘린더를 추가할 수 있습니다. 캘린더를 추가하면 대체로 색으로 구분하며, 각각의 캘린더를 색으로 구분함으로써 하나의 화면에서 여러 종류의 일정을 한 번에 모아서 볼 때 일정별 구분이 수월해집니다. 또한 여러 개의 캘린더를 추가해서 사용 중이라면 필요에 따라 체크박스를 이용해 해당 캘린더를 가리거나 표시할 수 있습니다. 구글 캘린더뿐만 어떤 도구를 이용하듯 종이가 아닌 디지털 캘린더를 이용함으로써 시간순으로 정리하거나, 특정 종류의 일정만 모아 보는 등 일정을 좀 더 효과적으로 관리할 수 있습니다.

공용 캘린더 구글 캘린더에서 용도에 따라 여러 개의 캘린더를 만들 수 있으며, 추가한 캘린더를 공용으로 사용할 수도 있습니다. 예를 들어 전사 일정을 관리하는 캘린더를 만들어 모든 구성원에게 공유하면 전사 일정을 쉽게 확인할 수 있으며, 추가 설정에 따라 전사 일정 변경 권한도 공유할 수 있습니다. 마찬가지로 공유 대상을 팀 단위로 설정하면 팀용 캘린더로 활용할 수 있게 됩니다.

방법은 간단합니다. 새로운 캘린더를 추가했으면 다음과 같이 공용으로 사용할 캘린더에서 오른쪽 끝에 있는 '옵션' 아이콘을 누른 후 [설정 및 공유]를 선택합니다. 캘린더 설정 화면이 열리면 'OOO에서 사용할 수 있도록 설정'에 체크하고 권한을 선택하면 됩니다. 이렇게 하면 구글 워크스페이스를 사용하는 모든 임직원이 해당 캘린더를 볼 수 있습니다. 추가로 편집 권한까지 공유하려면 [사용자 및 그룹 추가] 버튼을 눌러 구성원 또는 그룹을 추가하면 됩니다.

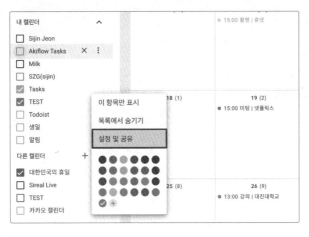

참석자에게 이메일 보내기 구글 캘린더 일정을 추가했다면 해당 일정을 함께 할 참석자를 지정하여 추가할 수 있으며, 해당 일정을 저장하면 참석자에게도 일정 안내 이메일이 전달됩니다. 또한 다음과 같이 일정 편집 화면에서 참석자 목록에 표시된 아이콘을 클릭하면 참석자 모두에게 일괄 이메일을 보낼 수도 있습니다. 참석자들에게 일정 관련하여 미리 전달할 내용이 있을 때 활용하면 효과적입니다.

▲ 구글 캘린더의 일정 편집 화면

TIP "인비 보내 주세요."라는 말을 들어보셨나요? '인비'는 초대를 의미하는 invitation에서 파생된 단어로, 구글 캘린더와 같은 디지털 캘린더를 사용한다면 익숙한 표현일 겁니다. 업무 일정이나 약속 등을 등록할 때 대표로 한 명이 캘린더에 등록한 후 참석자로 초대해 달라는 의미입니다.

Note **카카오톡 캘린더와 동기화**

국내 대표 메신저인 카카오톡에는 카카오톡 캘린더라는 기능이 포함되어 있습니다. 우리나라 사람들은 카카오톡을 많이 사용하다 보니 개인용 도구임에도 업무 관련 이야기를 나누기도 하고, 업무 일정을 조율하기도 합니다. 이때 1차로 카카오톡 캘린더로 편리하게 일정을 등록하고, 이후 다음과 같은 방법으로 구글 캘린더에서도 확인할 수 있도록 설정해 두면 편리합니다.

1. 좀 더 편리한 작업을 위해 PC용 카카오톡을 실행합니다. 왼쪽 패널에서 [⋯] 더 보기 아이콘을 누른 후 [캘린더]를 선택합니다.

2. 웹브라우저가 실행되면서 톡 캘린더가 열리면 왼쪽 패널에서 구글과 연동할 캘린더(내 캘린더)의 옵션 아이콘을 누릅니다. 팝업 메뉴가 나타나면 [캘린더 관리]를 선택합니다.

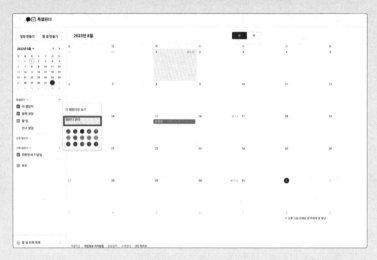

3. 캘린더 관리 옵션이 나타나면 iCal 형식 주소(URL)에 있는 [주소 복사] 버튼을 누릅니다.

4. 이제 구글 캘린더를 실행한 후 왼쪽 패널에서 다른 캘린더에 있는 [+] 버튼을 누르고 [URL 로 추가]를 선택합니다.

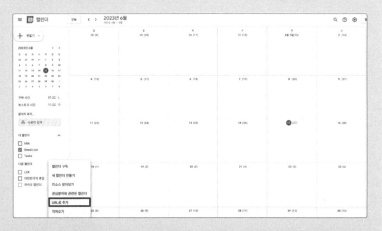

5. 복사했던 카카오톡의 톡 캘린더 주소를 붙여 넣은 후 [캘린더 추가] 버튼을 누르면 이제 구 글 캘린더에서 카카오톡 캘린더를 확인할 수 있습니다.

도구 사용 난이도 ★☆☆☆☆

구글 캘린더의 사용법은 정말 쉽습니다. 여러 일정을 기록하다 보니 복잡해 보일 수도 있지만, 실제로는 왼쪽 패널에서 [만들기]–[이벤트] 버튼을 눌러 일정을 추가하기만 하면 됩니다. 또는 일정을 생성하고 싶은 날이나 시간대 를 클릭해서 생성할 수도 있습니다. 일정을 생성할 때는 일정 제목, 일시, 참 석자, 장소만 추가하면 끝입니다. 처음에는 기본으로 생성되어 있는 캘린더를 사용하면서 요령을 익힌 후 필요에 따라 더 많은 캘린더를 추가해서 사용하면 됩니다.

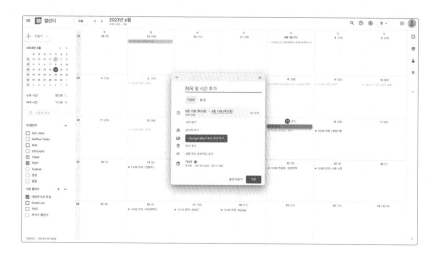

📤 빠르고 편리한 커뮤니케이션, 화상 회의

스마트폰으로 번호만 누르면 바로 상대방과 얼굴을 보면서 통화를 할 수 있는 것에 비해 화상 회의는 링크를 클릭하거나 회원가입, 도구에 따라서는 비용도 지불해야 하고, 마이크와 카메라 상태를 확인하는 등 처음 시작하는 시점에 의외로 준비해야 할 것이 많습니다. 그렇기에 직접 만나서 대화하는 것을 선호하기도 하지요. 그러나 한 번 익숙해지면 영상 통화에 비해 여러 명과 대화할 수 있는 것은 기본이고, 훨씬 다양한 기능을 활용하여 회의를 진행할 수도 있습니다. 무엇보다 오프라인 미팅을 위해 이동하거나 미팅 준비를 위해 노트북이나 자료를 챙겨야 하는 등의 불편함도 해소할 수 있으므로 매우 효율적입니다. 대표적인 화상 회의 도구 2가지를 간단하게 소개합니다.

구글 서비스 중 하나인 구글 미트

구글 미트(Google Meet)는 구글에서 만든 화상 회의 도구로 개인 사용자도 무료로 사용할 수 있습니다. 다만 무료 사용자는 소그룹 채팅방, 설문 조사, Q&A, 회의 녹화, 참석 관리 등 프리미엄 기능을 이용할 수 없으나 소규모 팀 회의에서 사용하기에는 충분합니다.

구글 캘린더에 일정을 추가할 때 참석자를 초대하면 일정에서 구글 미트 링크를 생성할 수 있으며, 해당 일정 참석자에게 별도로 링크를 안내할 필요도 없이 자동으로 공유됩니다.

웹브라우저의 인터넷 주소 창에 'meet.new'라고 입력하면 별다른 설정 없이 빠르게 화상 회의를 생성할 수 있습니다. 이때 화면에 표시된 링크를 복사하여 구성원들에게 전달하여 화상 회의 참석을 요청할 수 있습니다. 이러한 구글 미트는 구글 개인 사용자는 물론이고, 구글 워크스페이스를 이용하는 조

직에서도 자유롭게 사용할 수 있으므로, 어떤 조직이든 간단한 화상 회의가 필요하다면 구글 미트를 추천합니다.

대표적인 화상 회의 도구인 줌

원격 근무의 대표 주자인 줌(Zoom)은 코로나19 이후 최고의 화상 회의 도구로 자리 잡았습니다. 코로나19가 끝난 이후에 재택 근무나 원격 근무(remote work)는 많이 줄었지만, 화상 회의 문화가 정착되어 여전히 간단한 논의 등은 줌을 이용한 화상 회의로 진행하는 조직이 많아졌습니다.

▲ https://www.zoom.us/ko

줌은 구글 미트와 달리 무료 요금제에서는 40분의 시간 제약이 있습니다. 유료 요금제에서는 자신을 제외한 다른 참석자를 모두 음소거하거나 회의 녹화, 참석자 목록, 음소거 해제 요청 등 다양한 관리자 권한을 사용할 수 있습니다.

이러한 줌은 화상 회의의 대명사가 될 정도로 편리하고 많은 기능을 포함하고 있으므로 화상 회의가 잦고, 참석 인원이 많다면 공용 계정 하나를 생성해서 유료로 사용하는 방법을 추천합니다. 내부 회의뿐만 아니라 외부 고객들과 미팅할 때에도 유용하게 사용할 수 있습니다.

⤴ 여러 기능이 통합된 국내 서비스로 협업하기

협업 도구를 한 번이라도 사용해 본 적이 있다면 알겠지만, 오직 한 가지 기능에만 특화된 협업 도구는 많지 않습니다. 일정 관리 도구라도 할 일 기능을 포함하고 있으며, 프로젝트 관리 도구라도 문서 작성이나 일정 관리 기능을 포함하고 있습니다. 트렐로처럼 프로젝트 관리 기능 하나에 특화된 도구라도 캘린더 플러그인을 사용하여 일정 관리 기능을 추가하기도 합니다. 일반적으로 조직의 업무가 업무가 딱 하나로 구분할 수 없고 여러 업무가 뒤엉켜 있는 것과 같습니다.

이런 도구 중에서도 특히 모든 업무를 하나로 통합하려는 서비스들도 있습니다. 흔히 대기업 등에서 그룹웨어를 개발해서 사용하고 있지만, 개발하는 데 시간이나 비용이 많이 들고, 개발을 하더라도 유지 보수 및 그에 따른 비용이 지속적으로 지출됩니다. 이런 그룹웨어를 완전히 대체할 수는 없지만 그룹웨어처럼 사용할 수 있는 올인원 도구가 바로 구글 워크스페이스나 마이크로소프트 365 같은 서비스입니다. 하지만 구글과 마이크로소프트 365는 국내 업무 처리 방식 등의 차이로 인해 별도의 추가 작업이나 도구를 사용해야 합니다. 이런 점을 보안한 국내 서비스가 바로 네이버웍스와 카카오워크입니다.

네이버에서 만든 네이버웍스

국내에서 협업 도구 도입을 위해 고객사를 만나면 가장 중요한 내용이 결재와 보안입니다. 네이버웍스는 네이버에서 국내 기업들을 대상으로 만든 협업 도구인 만큼 결재와 보안 기능에 탁월합니다.

메신저, 메일, 일정, 자료 관리 등 협업에 필요한 모든 기능이 포함되어 있으며 이를 PC, 태블릿, 스마트폰 등 모든 기기에서 사용할 수 있습니다. 무엇보다 네이버의 기술력을 활용하여 엔터프라이즈급 보안 기술도 저렴한 가격으로 이용할 수 있습니다.

네이버에서 만든 만큼 인터페이스 등이 친숙하여 빠르게 적응할 수 있으며, 빠른 고객 문의 처리로 불편한 점이 없을 정도입니다. 가격도 일부 기능의 제한이 있지만, 100명까지는 무료로 사용할 수 있고, 유료 요금제도 1명당 3,000원 수준으로 다른 도구들에 비해 저렴한 편입니다.

이러한 네이버웍스는 국내 업무로 한정된 조직이라면 사용하기에 충분합니다. 특히 대기업이나 중견 기업처럼 그룹웨어나 결재 문화가 익숙한 곳이라면 네이버웍스와 네이버 워크플레이스 조합을 추천합니다. 도입 검토를 위한 자료도 홈페이지에 잘 정리되어 있으므로 고려해 볼 만한 대안입니다.

카카오에서 만든 카카오워크

국내 대표 IT 기업 중 하나인 카카오엔터프라이즈에서 만든 협업 도구로 국내 사용자들에게 익숙한 카카오톡과 비슷한 협업 도구입니다. 카카오톡과 유사한 UI/UX이므로 새로운 업무 도구에 빠르게 적용할 수 있습니다.

카카오워크를 사용하면 AI 어시스턴트인 캐스퍼를 이용할 수 있습니다. 날씨, 공휴일, 뉴스 등을 검색하여 빠르게 정보를 얻을 수 있으며 복지 정보, 업무 가이드, 용어 사전 등 사내 업무 지식 데이터를 등록하면 캐스퍼를 이용해 사내 정보를 검색할 수 있습니다.

메신저에서 그룹사 조직도를 보거나 조직별로 채팅방을 개설할 수도 있습니다. 협력 업체에서 카카오워크를 이용 중이라면 고객이나 파트너를 카카오워크에 초대해 대화할 수 있으며, 네이버웍스와 마찬가지로 카카오엔터프라이즈의 보안 기술이 적용되어 안심하고 사용할 수 있습니다.

이러한 카카오워크는 좀 더 빠르게 새로운 업무 도구를 활용하고 싶은 니즈가 강한 조직에 추천합니다. 새로운 SaaS 도구를 이용하면 도구에 익숙해지는 시간이 필요해 어느 정도 학습 및 적응에 필요한 기간이 필요하지만, 카카오워크는 이미 익숙한 카카오톡을 기반으로 하기 때문에 다른 도구에 비해 익숙해지는 데 필요한 시간을 줄일 수 있습니다.

📤 프로젝트 관리와 메신저가 합쳐진 도구

대표적인 업무의 종류 5가지인 커뮤니케이션, 문서 관리, 파일 관리, 프로젝트 관리, 일정 관리 중에 업무 협업을 위해 꼭 필요한 2가지만 꼽으라면 저는 프로젝트 관리와 커뮤니케이션을 선택할 것입니다. 그만큼 협업에 필수인 2가지 도구이기 때문입니다. 여기서는 이 2가지 기능이 합쳐진 도구를 소개하겠습니다.

국내에서 개발한 플로우

플로우(flow.team)는 국내에서 개발한 협업 도구 중 하나로 직관적인 UI/UX를 채택하여 SaaS 협업 도구가 처음이거나 IT에 친숙하지 않은 사용자도 쉽게 사용할 수 있다는 평가를 받고 있습니다.

▲ https://flow.team/

플로우에서 프로젝트 페이지로 이동하면 할당된 업무를 한눈에 파악할 수 있는데, 이 업무는 상태, 번호, 담당자, 시작일, 종료일, 진행률, 우선순위 등 속성별로 필터링하거나 정렬할 수 있습니다. 게다가 생성된 모든 프로젝트에 대한 할 일을 업무 상태, 우선순위, 날짜에 따라 필터링해서 조직 전체의 업무를 조망할 수 있습니다. 생성된 프로젝트나 업무에 따라 목표와 주요 성과 지표를 설정하여 얼마나 진행됐는지 수치로 파악할 수도 있습니다. 또한 프로젝트 기반으로 대화방을 생성해 헷갈리지 않게 대화를 진행할 수 있도록 메신저 기능도 잘 갖춰져 있습니다. 카카오톡과 유사한 UI로 빠르게 적응할 수도 있습니다.

국내 조직에서 많이들 사용하는 조직도 기능을 사용할 수 있고, 싸인투게더(Signtogether)라는 프로그램과 연동하여 전자 결재와 전자 계약을 할 수 있습니다. 관리자 기능도 잘 갖춰져 있어서 플로우의 월별 이용 현황, 프로젝트 이용 통계, 사용자별 이용 통계도 확인할 수 있습니다.

플로우는 처음 이야기한 것처럼 도구 사용법이 쉬운 편에 속합니다. 또한 고객 센터나 사용 설명서, 플로우 교육이 체계적이기 때문에 쉽게 익힐 수 있습니다. 그러므로 IT가 익숙치 않은 구성원이 많은 조직이라면 플로우로 SaaS 도구를 시작해 보는 것을 추천합니다.

실리콘밸리 기업을 대상으로 개발한 스윗

스윗(Swit.io)은 프로젝트 관리와 커뮤니케이션 기능이 합쳐진 실리콘밸리 버전의 협업 도구입니다. 본사는 한국에서 실리콘밸리로 이전했으며, 처음부터 실리콘밸리 기업들을 대상으로 만들었으므로 해외 소프트웨어 느낌이 물씬 나는 제품입니다.

▲ https://swit.io/

스윗은 플러그인 기능이 뛰어나므로 플러그인을 이용해 전자 결재까지 사용할 수 있습니다. 다른 도구와 가장 큰 차이는 메시지와 프로젝트 관리 기능의 유연성입니다. 메시지를 업무 카드로 만들어 바로 업무로 등록할 수 있고, 업무 카드를 채팅방으로 보내 바로 대화를 이어갈 수 있습니다.

외부 서비스 연동에 특화되어 구글 워크스페이스나 마이크로소프트 365를 연동해 이메일이나 클라우드 저장 공간에 접근할 수 있습니다. 예를 들어 지메일이나 구글 드라이브를 연동하면 웹브라우저로 이동하지 않고 스윗에서 지메일을 확인하거나 해당 이메일을 대화방에 공유하여 해당 내용과 관련하여 대화를 이어 나갈 수 있습니다. 물론 이메일도 업무 카드로 변환하여 프로젝트 업무로 추가할 수 있습니다. 자동화 기능도 포함되어 있으므로 단순한 반복 작업 시간을 줄이고 중요한 업무에 집중할 수 있습니다.

이러한 스윗을 처음 사용한다면 업무 카드를 생성하거나 진행 상황을 보기 위해 보기를 변경하는 방법이 다소 낯설어 IT에 친숙하지 않은 사용자에게 진입 장벽이 될 수 있습니다. 하지만 처음 시작할 때의 어려움만 잘 극복하면 다른 프로젝트 관리 도구와 견주어서 손색 없이 편리한 장점이 있는 도구라고 할 수 있습니다.

구글 워크스페이스나 줌, 깃허브 등 외부 서비스를 많이 사용하면서 플러그인을 직접 만들 수 있는 개발팀이 있는 조직이라면 스윗을 강력 추천합니다. 개발팀이 없더라도 스윗과 구글 워크스페이스면 충분히 대부분의 업무를 처리할 수 있기 때문에 IT, 커머스, 컨설팅 등 다양한 조직에서 활용하기에 적합한 도구입니다.

📤 디자인 도구로 협업하기

조직의 대표 업무 5가지에 더해 직무에 따라 디자인 업무를 추가할 수도 있습니다. 과거에 디자인은 포토샵, 일러스트레이터 같은 어도비의 그래픽 도구가 널리 쓰였으나, 최근에는 다양한 무료 도구가 출시되어 활발하게 사용되고 있습니다. 그중에서 대표적인 3가지를 소개합니다.

편리한 국내 서비스, 미리캔버스

미리캔버스는 미리디에서 운영하는 디자인 웹사이트로 저작권 걱정없이 무료로 슬라이드, 유튜브 섬네일, 명함, 포스터, 배너 등을 고퀄리티로 제작할 수 있습니다. 같은 회사의 비즈하우스와 연동이 되어, 디자인을 완성한 후 비즈하우스로 넘겨서 인쇄까지 요청할 수 있습니다.

▲ https://www.miricanvas.com/

이미지, 아이콘, 글꼴 및 템플릿까지 모두 무료로 사용할 수 있으며, 상업적 이용도 가능하며, 유료로 이용하면 더욱 다양한 디자인을 사용할 수 있습니다.

포토샵과 같은 전문 디자인 도구를 주로 다루는 디자인 직군의 사용자라면 기능이 부족하다고 느낄 수 있지만, 디자인 직군이 아닌 직장인이라면 아주 직관적이고 편리한 도구입니다. 디자인 감각이 없더라도 제공되는 템플릿을 선택한 후 내용만 변경해서 사용하면 충분합니다. 또한 협업 기능이 있어서 다른 사용자를 초대하여 함께 디자인을 완성하거나 댓글로 의견을 남기고 주고받을 수 있습니다. 다른 사용자를 초대할 때 소유자, 관리자, 디자이너, 회원 등 서로 다른 권한을 부여할 수 있으므로 사내 협업 및 외부 조직과 협력에도 효과적입니다.

미리캔버스는 디자인 도구를 처음 다룬 사용자라도 조금만 노력하면 시간 대비 우수한 품질의 디자인을 완성할 수 있으며, 국내 사용자도 많으므로 SNS나 블로그 등에서 관련 노하우를 쉽게 찾을 수 있습니다. 그러므로 카드뉴스와 같이 간단한 디자인이 필요하지만, 디자이너가 없는 조직에서 유용하게 사용할 수 있습니다.

인공지능 기능이 잘 갖춰진 캔바

캔바(Canva)는 미리캔버스와 같은 온라인 디자인 플랫폼으로, 미리캔버스는 한국에서 만든 제품인 반면에 캔바는 외국에서 만든 제품입니다. 그러나 한국어로 번역이 아주 잘되어 있고, 미리캔버스와 마찬가지로 슬라이드, SNS 디자인, 인쇄물, PDF, 배너 등을 만들 수 있으며 동영상을 편집하는 기능도 포함되어 있습니다. 최근 유행하는 릴스나 쇼츠 영상을 만들 때 전문 영상 편집 도구를 이용하지 않더라도 간편하게 배경이나 텍스트를 변경할 수 있습니다.

▲ https://www.canva.com/

글로벌 서비스인 만큼 아이콘, 이미지, 사진, 템플릿의 수도 수백만 개로 압도적이며, 유료 서비스를 이용하면 더욱 우수한 품질의 디자인 콘텐츠를 제작할 수 있습니다. 다만 미리캔버스에 비해 제공되는 템플릿이 이국적입니다. 사용법은 미리캔버스와 마찬가지로 직관적이고 간편합니다. 작업 결과물이 캔바 계정에 포함되므로 인터넷만 연결되어 있으면 언제 어디서나 쉽게 작업할 수 있습니다.

QR코드 생성부터 인공지능을 활용한 다양한 디자인 작업이 가능하며, 구글 드라이브, 캐릭터 생성, 코드 생성, GIPHY, 픽사베이 등 다양한 앱과 연결하여 콘텐츠를 불러올 수도 있습니다. 대량 제작 기능도 있어서 CSV 파일로 만들어진 콘텐츠와 캔바를 연결하면 수십, 수백 명의 청첩장 같은 대량 결과물도 쉽게 만들 수 있습니다. 완성한 결과물을 공유하거나 게시하는 방법도 다양하게 준비되어 있습니다. 대표적으로 링크를 이용한 결과물 공유부터 QR코드, 임베드(Embed), 웹사이트 등으로 게시할 수 있고, 틱톡, 인스타그램, 페이스북 등 다양한 SNS로 바로 공유할 수 있습니다.

미리캔버스와 비교했을 때 디자인 협업 기능은 미리캔버스가 더 잘 갖춰져 있는 반면, 글로벌한 고객을 대상으로 한다면 캔바의 템플릿이 잘 갖춰져 있습니다.

디자인 결과물에 피드백할 때 좋은 이미지블

이미지블(Imgibble)은 웹 기반으로 영상이나 이미지 등을 업로드하면 댓글과 의견을 남길 수 있는 피드백 도구입니다.

▲ https://www.imgibble.com/

보통 영상이나 이미지 결과물을 보고 의견을 전달할 때면 '05:34 위치에 촛불 이미지 제거해 주세요' 혹은 '이미지에서 이름 부분 블러 처리해 주세요'와 같이 위치를 설명한 후 의견을 남겼습니다. 이런 방식은 피드백을 작성하는 사람도, 피드백을 받는 사람도 수정할 위치 설명하느라 불편함을 느낄 것입니다. 하지만 이미지블을 이용하면 영상에서는 프레임별로 댓글을 남길 수 있고, 이미지라면 화면 위에서 그림을 그릴 수 있어 좀 더 명확하게 설명할 수 있습니다. 또한 피드백한 사람별로 색상을 이용해 구분할 수 있습니다.

결과물은 현재 편집 중인지, 피드백 중인지와 같은 진행 상태를 표시할 수 있으며 채널별, 담당자별, 폴더별로 구분하여 관리할 수도 있습니다. 영상 편집이나 이미지 작업이 많은 스튜디오나 에이전시에서 이용하면 효과적입니다.

Memo

3장

치료:
케이스
스터디

소규모 조직에게 추천하는 도구 조합

📤 오래 이용할 수 있는 업무 시스템의 필요성

새로운 회사나 조직 등을 결성했을 때 우선 필요한 것은 무엇일까요? 사실 아무것도 준비되지 않은 상태에서 대화는 카카오톡과 같은 개인용 메신저를 이용하고, 일정 관리나 문서 작성은 구성원마다 편한 도구를 사용해도 됩니다. 이렇게 일한다고 업무가 진행되지 않거나 매출에 악영향을 미치는 것도 아닙니다. 실제로 많은 조직에서 '일단 해 보자'는 식으로 시작부터 하고 하나씩 채워 나가는 방향으로 업무를 진행합니다. 그렇게 해도 지금 당장은 불편한 점을 느끼지 못합니다. 하지만 문제는 이후에 불편함을 느끼고 새로운 도구를 도입하려고 하지만 이미 기존 방식이 굳어져서 쉽지 않게 된다는 것입니다.

적합한 도구 고민 없이 시작한 조직의 문제점

도구에 대한 고민이 없었으므로 기본적인 업무 대화는 개인용 메신저를 이용하게 될 것이고, 대화 내용은 공과 사를 넘나들 것입니다. 회의 시간을 논의하다가 갑자기 커피나 점심 선택에 대해 이야기하고, 그러다 다시 업무 문서 공유를 요청하기도 하는 등 대화방이 어지러워지면서 대화 알림을 끄는 구성원이 생기고, 점차 업무 요청이 제대로 전달되지 않아 진행에 차질이 생길 수도 있습니다.

일정 관리도 마찬가지입니다. 모두가 전문가처럼 일정 관리를 잘한다면 문제 없겠지만 성향에 따라 일정 관리에 어려움을 느끼는 구성원도 있을 겁니다. 그러다 보니 중요한 거래처 미팅이나 회의 등을 놓치게 될지도 모릅니다.

문서 작성은 어떨까요? 일반적으로 많은 직장인이 사용하는 문서 작성 도구는 한글과 워드인데, 문서 작성보다는 관리와 공유에서 문제가 많이 발생합니다. 파일 형태로 문서를 공유하다 보니 구성원 간에 공유가 원활하지도 않고, 어떤 문서가 어디에 있는지 필요할 때 찾아 쓰기도 어렵습니다. 프로젝트 관리는 말할 것도 없습니다.

그러므로 처음 시작하는 조직일수록 간단하지만 오래 이용할 수 있는 업무 시스템을 갖추는 것이 좋습니다.

조직에서 필요한 업무 시스템의 종류

일반적인 조직에서 필요한 업무 시스템이 무엇이 있을까요? 우선 구성원이 있다면 직원 관리, 휴가 관리 등이 필요할 것입니다. 다양한 프로젝트 업무를 진행할 것이라면 프로젝트 관리 업무가 있을 것이고, 프로젝트를 진행하면서 생성된 문서 및 파일 관리도 필요합니다. 내부 구성원 또는 거래처와 커뮤니케이션을 위한 이메일과 메신저 등도 필요합니다. 원격 근무를 대비하여 화상 회의 시스템도 있으면 좋겠지요? 중요한 일정을 놓치지 않기 위해서 일정 관리도 필요하고, 회사 규정이나 참고 자료 등의 정보 관리도 필요합니다. 필요한 비품이나 재고도 파악해야 하고, 마케팅에 필요한 내용도 관리하면 좋겠죠.

나열하고 보니 생각보다 다양한 업무가 있죠? 그럼에도 아무 준비 없이 업무를 시작했다면 수많은 업무가 쌓이고 쌓여서 손도 못대는 상태에 이를지도 모릅니다. 다시 말해, 할 일이나 관리할 것의 종류가 많을수록 철저하게 잘 준비해야 합니다. 자신이 회사나 조직을 만들었다면 더욱 그렇죠.

우선은 각 업무에 맞는 도구를 준비해야 합니다. 그렇다고 앞서 언급한 모든 업무별 도구를 정하는 것은 쉽지 않고 비효율적입니다. 일단은 최대한 단순화하여 업무를 분류해야 합니다. 그것이 바로 1장에서 이야기한 5가지 커뮤니케이션, 문서 관리, 파일 관리, 프로젝트 관리, 일정 관리입니다. 이 5가지를 기준으로 업무를 분류하면 시스템을 준비하는 일도 한층 수월해집니다. 5가지 업무에 대해서는 1장에서 설명했으며, 다양한 도구에 대해서는 2장에서 소개했으니, 여기서는 업무별로 도구를 어떻게 활용하면 좋은지 좀 더 구체적으로 설명해 보겠습니다.

소규모 조직에 추천하는 도구 조합

우선 최소 3~50명 정도의 조직이라면 노션, 구글 워크스페이스, 슬랙의 조합을 추천합니다. 사실 도구에 대해 소개하면서 이야기했듯이 구글 워크스페이스 하나만 있어도 대부분의 업무를 처리할 수 있습니다. 하지만 모든 맛이 모든 사람에게 만족감을 줄 수 없듯이 구글 워크스페이스 하나만 이용하면 부족한 점이 보이기 마련이죠.

식당에 비유하자면 구글 워크스페이스는 호텔 뷔페와 같습니다. 다양하면서 만족도 높은 음식을 맛볼 수 있기 때문입니다. 하지만 아무리 호텔 뷔페라도 하나의 음식을 전문적으로 취급하는 맛집에 비하면 아쉬운 점이 있기 마련입니다. 구글 워크스페이스도 그렇습니다. 프로젝트 관리를 위해 구글 워크스페이스를 사용하다고 가정하면 구글 시트에서 진행 상황과 문서를 모두 파악할 수는 있지만, 여러 프로젝트를 동시에 파악하기는 어렵습니다. 사내 업무 관련 메시지는 구글 챗을 이용하면 되지만, 외부 서비스 연동이나 자동화 부분에서 아쉬움이 남습니다. 그래서 이 부분을 보완하기 위해 노션과 슬랙을 함께 이용합니다.

🗂️ 커뮤니케이션 업무 시스템 갖추기

조직을 신설한 뒤 처음 시스템을 갖출 때 나름의 공식을 만드는 것이 좋습니다. 우선 업무에서 가장 활발하게 사용하는 커뮤니케이션의 종류는 외부 커뮤니케이션과 사내 커뮤니케이션으로 구분합니다. 그러므로 구글 워크스페이스+노션+슬랙 조합을 사용한다면 커뮤니케이션 업무 시 다음과 같은 기본 공식을 추천하며, 상황에 따라 다른 도구를 활용할 수 있습니다.

- **외부 커뮤니케이션**: 지메일
- **사내 커뮤니케이션**: 슬랙

외부 커뮤니케이션

외부 커뮤니케이션은 조직의 상황에 따라 여러 가지를 이용합니다.

이메일 대부분 업무 커뮤니케이션은 이메일을 이용합니다. 많은 사람에게 이메일을 이용한 커뮤니케이션이 공식적인 업무라는 이미지가 있기도 하고, 주고받은 내역을 쉽게 확인할 수 있는 것도 중요한 이유입니다. 그러므로 외부 커뮤니케이션 업무의 대표 도구는 구글 워크스페이스에 있는 지메일을 이용하면 됩니다.

전화 이메일 이외에 급한 연락이나 음성 커뮤니케이션이 필요할 때에는 전화를 이용하되, 중요한 업무일수록 통화 내용을 녹음해서 관리하는 것도 필요합니다. 녹음이 여의치 않다면 전화가 끝난 후 통화 내용을 기록으로 남기고, 다시 이메일 등으로 정리해서 상대방과 공유하는 것도 좋습니다. 전화를 이용한 커뮤니케이션의 가장 큰 장점은 빠른 속도일 겁니다. 하지만 통화 내용은 휘발성이기 때문에 시간이 지남에 따라 기억의 왜곡이 발생할 수도 있습니다. 그러므로 전화를 이용한 커뮤니케이션 후에는 기록으로 남기는 습관을 가지는 것이 좋습니다.

문자메시지 전화와 마찬가지로 문자메시지(SMS)도 커뮤니케이션 도구로 활용됩니다. 대표적으로 이메일을 보낸 후 확인을 요청하거나, 이메일에서 누락한 내용을 추가로 전달하는 등 필요에 따라 이용할 수 있습니다. 다만 어디까지나 문자 메시지는 보조 수단으로 사용하는 것이 좋고, 만약 문자 메시지가 주요 커뮤니케이션 도구가 된다면 별도로 메시지 내용을 저장해서 관리하는 것이 필요합니다.

개인용 메신저 카카오톡과 같은 개인용 메신저를 이용해 업무 커뮤니케이션을 진행하는 경우도 있습니다. 가능하다면 이메일 커뮤니케이션으로 전환을 권장하거나 상대방의 동의부터 구하는 것이 좋습니다. 무엇보다 개인용 메신저를 이용하면 지인에게 전달할 메시지를 외부 거래처에 전달하는 등 실수를 저지를 수 있습니다. 따라서 가능하면 개인용 메신저를 이용한 커뮤니케이션은 지양하길 바랍니다.

슬랙 게스트 기능 업무용 메신저인 슬랙에는 게스트 기능이 있습니다. 이 기능을 이용하면 조직 외부인을 특정 채널에 초대해서 메시지를 주고받을 수 있죠. 다만 초대받은 사용자가 슬랙 사용이 처음이라면 불편함을 느낄 수 있으므로, 이 부분을 고려해서 간단한 사용 방법을 안내하는 등 슬랙에 익숙해질 때까지 시간이 필요합니다.

> **Note** **슬랙 커넥트 기능 이용하기**
>
> 만약 상대 조직에서도 슬랙을 이용한다면 슬랙 커넥트(Slack Connect) 기능을 추천합니다. 서로 다른 워크스페이스를 사용하더라도 채널이나 DM을 생성하여 서로 다른 조직의 구성원과 메시지를 주고받을 수 있는 기능입니다. 게스트 기능처럼 워크스페이스를 벗어나지 않아도 각자의 워크스페이스에서 메시지를 주고받을 수 있으며, 데이터 또한 각자의 워크스페이스에 남기 때문에 훨씬 편리합니다.

사내 커뮤니케이션

슬랙 사내 대표 커뮤니케이션 도구로 슬랙을 사용합니다. 대표적인 업무용 메신저이므로, 주제별 대화를 나누기에 편리하고 외부 서비스 연동으로 각종 서비스 알림을 쉽게 받을 수 있습니다. 당연히 구글 워크스페이스의 각종 서비스들과 연동하기도 편리합니다. 구글 캘린더와 연동하여 매일 아침 오늘의 일정을 확인하고, 새로운 일정 초대나 변경도 슬랙으로 확인합니다.

슬랙 허들 음성 커뮤니케이션이 필요하면 슬랙의 허들 기능을 이용하면 됩니다. 일반 전화처럼 걸고, 받는 것이 아니라, 채널을 이동하듯이 허들 채널로 이동하면 바로 음성 커뮤니케이션을 시작할 수 있습니다. 허들 채널에서 1:1 대화뿐만 아니라 그룹으로 음성 회의를 진행할 수도 있습니다.

구글 미트 사내/외 공통으로 화상 커뮤니케이션이 필요하다면 구글 미트를 이용합니다. 구글 워크스페이스의 서비스 중 하나이며, 구글 캘린더와 연동되어 쉽게 화상 회의를 생성하여 이용할 수 있습니다.

Note 프로필 규칙 정하기

슬랙을 주요 커뮤니케이션 도구로 사용한다면 기본적으로 프로필 규칙과 채널 규칙을 정하는 것이 좋습니다. 채널 규칙에 대해서는 144쪽에서 자세히 소개했으므로, 여기서는 프로필 규칙에 대해 소개하겠습니다.

TIP 조직 내의 프로필 규칙은 이후 대화할 때 편리함과 공동의 소속감을 느낄 수 있는 사소하지만 중요한 규칙입니다. 이런 상세한 규칙이 모여 조직과 업무 시스템을 만들어 나가는 것입니다.

슬랙에서는 기본적으로 @로 시작해서 서로를 멘션하는 일이 잦습니다. 그러므로 규칙 없이 막무가내로 프로필을 설정하면 멘션하고 싶은 사람의 프로필을 쉽게 파악하지 못해 시간을 소모할지도 모릅니다.

규칙
성+이름
이름+성
이름
닉네임
닉네임+한글 성

위와 같이 조직 내 전체 프로필 규칙을 지정해 보세요. 동료들을 쉽게 멘션할 수 있게 될 것입니다. 프로필에 사용할 사진도 본인이 원하는 이미지를 자유롭게 설정해도 좋지만 조직 전체가 콘셉트를 맞추면 통일감이 있고, 상대방을 좀 더 쉽게 알아볼 수 있을 것입니다. 꼭 얼굴이 아니어도 된다면 이모지 등을 이용하는 방법도 있습니다.

📤 문서 작성 업무 시스템 갖추기

업무에 절대 빠지지 않는 것 중 하나가 바로 문서 작성이며, 흔히 docs, xlsx, pptx. pdf, hwp 등 다양한 형식의 문서 파일을 사용합니다. 그러므로, 조직을 구성한 초기에 문서 업무 시스템을 명확하게 정리하지 않으면 기준이 없으므로, 구성원마다 익숙한 문서 도구를 사용할 것이고, 자신만의 방법으로 문서 파일을 관리할 것입니다. 결국에는 구성원 간 문서의 호환성 문제가 발생할 것이고, 문서를 취합하거나 공용 문서 관리도 불편해질 것입니다.

문서 작성 도구는 크게 노션과 구글 문서 작성 도구처럼 SaaS에 문서를 생성해 클라우드에 보관하는 형태와 워드나 엑셀처럼 파일을 생성하여 저장하는 형태가 있습니다.

> **저자가 제안하는 문서 작성 도구의 우선순위**
> 노션 → 구글 문서 작성 도구 → 기타

클라우드 서비스 기반의 문서 작성

파일을 생성하고 관리하는 것보다는 SaaS 도구에 작성하는 것이 보관이나 보안 등 여러 방면에서 효과적입니다. 따라서 문서 작성 도구의 우선 순위는 노션과 구글 워크스페이스에 포함된 문서 작성 도구로 추려집니다.

2가지 문서 도구 중에서 프로젝트 관리 도구를 노션으로 사용하기로 했다면 문서 작성 도구도 노션을 우선순위로 사용하는 것을 추천합니다. 이유는 단순합니다. 프로젝트 관리 도구로 노션을 이용하므로, 별도의 도구를 실행할 필요 없이 상황에 따라 노션을 이용해 문서를 작성하는 것이 가장 간편하며,

빠르게 접근할 수 있기 때문이죠. 프로젝트 진행 상황을 한눈에 보기 위해 노션 페이지에 접속했는데, 필요한 문서까지 볼 수 있다면 이보다 더 효율적인 방법이 있을까요?

웬만한 문서 작성은 노션의 기능으로 모두 해결할 수 있습니다. 하지만 수천 개가 넘는 데이터베이스를 이용하고, 수식을 활용한 보고서 차트 등이 필요하거나, 프레젠테이션 작업까지 연계를 고려해야 하는 등 노션으로 표현하는 데 한계가 있거나 외부 조직의 보안이나 거래처와의 문서 호환성 등의 이유로 노션을 1순위로 이용하기 어렵다면 구글 문서 작성 도구를 이용을 추천드립니다. 그런 다음 프로젝트 내용을 확인 중에 별도로 구글 드라이브에서 해당 문서를 찾는 수고를 덜어 주기 위해 연관된 구글 문서의 링크를 노션의 관련 프로젝트 페이지에 추가해 놓으면 됩니다.

이처럼 노션이나 구글 문서 작성 도구와 같은 SaaS 도구에 문서를 작성하고 보관한다면 작성자 개인 PC가 아닌 클라우드에 저장되므로 구성원의 퇴사와 같은 변동이 발생했을 때 해당 문서를 유실하거나 문서의 위치를 찾기 위한 수고를 줄일 수 있으며, 보안이나 관리 측면에서도 효과적입니다.

파일 형태 문서 작성

SaaS 기반 도구를 이용한 문서 작성을 우선순위로 지정하더라도 파일 형태 문서를 완전히 배제할 수는 없습니다. 구글 문서 작성 도구와 대표적인 파일 형태 문서 도구인 마이크로소프트 365의 각 서비스 사이에는 분명 차이가 있기 때문입니다. 예를 들어 버전 관리나 사용자별 권한 설정, 데이터 잠금, 쿼리(Query) 등의 기능은 엑셀에 비해 구글 시트에 장점이 있으나, 프레젠테이션을 준비하는 과정이라면 디자인과 애니메이션 관련 기능이 잘 갖춰진 파워포인트를 이용하는 것이 효과적입니다.

그러므로 '반드시 노션과 구글 문서 작성 도구만 사용해!'라고 강제하기보다는 상황을 고려하여 선택해서 사용하되, 우선순위를 지정하여 가능하면 우선순위가 높은 도구를 사용하는 방식으로 규칙을 정하면 됩니다.

↪ 파일 관리 업무 시스템 갖추기

문서 작성 업무와 직접적으로 연결되는 업무 중 하나가 파일 관리입니다. 업무를 하다 보면 다양한 파일이 쌓일 것입니다. 직접 작성한 각종 문서들, 그리고 외부에서 전달받은 문서 파일들뿐만 아니라 디자인 애셋, 영상, 음성 기록 등 업무와 관련된 모든 파일을 어떻게 관리하는지에 대한 업무입니다. 파일 관리에는 저장 공간과 관리 규칙이라는 2가지 고려 사항이 있습니다. 파일 관리 규칙은 앞서 2장에서 파일명과 폴더명 생성 규칙에 대해 설명했으므로 여기서는 저장 공간에 대해서만 이야기합니다.

저장 공간 규칙

클라우드 시스템이 지금처럼 대중화되기 전의 소규모 회사라면 대부분 업무 자산을 로컬 PC에 저장했을 것입니다. 그리고 중요한 파일은 서로 이메일로 주고받고, 구성원의 변동이 생기면 자료를 백업해서 보관했습니다. 그나마 사내 저장 공간을 구축할 수 있는 NAS(network-attached storage) 시스템을 이용하는 곳은 백업이나 자료 공유의 불편함은 해소할 수 있었을 것입니다. 이런 단점은 클라우드 시스템이 대중화되면서 명쾌하게 해결됩니다.

이제 구글 워크스페이스를 이용하고 있으니 구글 드라이브를 이용하면 됩니다. 단, 구글 드라이브에 용량 제한이 있으므로, 모든 파일을 구글 드라이브에 보관할 수는 없습니다. 그러므로 어느 기준으로 구글 드라이브에 보관할지를 고민해야 합니다. 저의 업로드 기준은 '공유'입니다. 다른 사람에게 한 번이라도 공유할 일이 있다면 구글 드라이브에 업로드한 후 링크 형태로 공유해 줍니다. 그렇지 않고 오로지 나를 위해 만든 파일이라면 꼭 구글 드라이브를 사용하지 않아도 됩니다. 특히 파일 용량이 큰 디자인이나 영상 파일이라면 더더욱 공유를 기준으로 구글 드라이브 업로드 여부를 결정하면 좋습니다. 구글 드라이브는 공유와 보관 모두 강점이 있으므로 이를 고려하여 조직만의 기준을 만들면 됩니다.

업무 특성에 따라 1인 조직일 수도 있고, 구성원마다 개별 업무를 맡아서 동료들이 서로 무슨 일을 하는지, 어떤 고객을 담당하는지 모르는 업무도 있을 것입니다. 이런 상황이라면 자신이 생성하는 파일이 업무 자산이라고 생각하며, '이후 인수인계가 필요한 상황이 발생했을 때 전달이 필요한 파일인가?'를 기준으로 삼습니다. 업무 중에 만든 대부분의 파일들은 회사의 업무 자산이 되므로 보관해 둬야 하는거죠. 본인이 퇴사한다는 가정하에 후임자가 업무를 인계받을 때 해당 자료가 도움이 된다면 보관하는 걸 추천합니다. 또한 혼자 사용하는 파일이라도 서로 다른 디바이스에서 이용한다면 구글 드라이브에 업로드해 둡니다. 사무실에서 PC로 작업하다가 외부에서 사용할 상황에 대비하는 것이죠. 그럼에도 여전히 해당 자료를 보관해야 할지 판단이 서지 않는다면 가장 단순한 방법은 '모두 보관'입니다. 판단할 수 없다면 일단 저장해 두어야 나중에 문제가 생기지 않습니다.

Note 데스크톱용 구글 드라이브 사용하기

데스크톱용 드라이브를 다운로드하여 설치하면 파일 업로드나 다운로드를 마치 로컬 PC에서처럼 편리하게 사용할 수 있으며, 폴더 구조를 쉽게 파악할 수도 있습니다. 또한 폴더 설정에따라 생성한 파일이 자동으로 구글 드라이브에 저장되므로 보관이 훨씬 편리합니다. 구글 드라이브에 있는 파일을 다른 사용자에게 공유하기 위한 링크를 복사하는 것도 구글 드라이브에접속할 필요 없이 파일 탐색기에서 데스크톱용 드라이브 폴더에 있는 파일을 마우스 우클릭하여 바로 공유할 수 있기 때문에 무척 편리합니다.

• **데스크톱용 드라이브 다운로드:** https://www.google.com/drive/download/

📤 프로젝트 관리 업무 시스템 갖추기

구글 워크스페이스, 노션, 슬랙의 조합에서 프로젝트 관리는 당연히 노션의 몫입니다. 만약 노션 없이 구글 워크스페이스로 프로젝트 관리까지 해결한다면 구글 드라이브에 저장되어 있는 문서를 수없이 열고 닫아야 하는 상황이 발생할 겁니다.

제가 컨설팅을 하다 보면 구글 시트를 이용해 프로젝트 관리를 하는 조직을 종종 보게 됩니다. 그중에 한 조직에서는 주요 프로젝트 목록을 하나의 구글 시트에 작성한 후 프로젝트 제목, 진행 상황, 담당자, 일정까지 일목요연하게 관리하고 있었죠. 프로젝트가 얼마나 진행되었는지, 마감일까지 얼마나 남았는지도 함수를 이용해 한눈에 볼 수 있도록 관리하고 있었습니다. 그런데 딱 거기까지였습니다. 목록에 있는 프로젝트의 할 일에서 세부 사항을 보려면 링크를 이용해 다른 구글 시트로 이동해야 했습니다. 또한 프로젝트에 관련된 디자인 파일들은 구글 드라이브 어딘가에 있지만 프로젝트 진행 상황을 파악하는 시트에는 없었죠. 디자인 파일을 찾기 위해 다시 검색해야 했습니다. 결국 또 다른 문서를 만들어 대시보드처럼 프로젝트에 관련된 구글 드라이브 링크들을 모아 두게 됐습니다. 이 대시보드 역할의 문서에는 프로젝트 진행 상황과 함께 세부 할 일이 포함되어 있는 링크, 디자인 파일 관련 링크, 기획서 및 제안서 링크, 외부 업체에서 받은 파일의 링크 등 각종 링크들이 정리되어 있었습니다. 그렇다면 업무를 위해 문서를 확인하는 과정은 어떻게 될까요? 누구는 대시보드로, 누구는 자기가 자주 사용하는 파일을 이용하다가 필요한 다른 파일이 있으면 다시 대시보드에서 원하는 파일을 찾아 이동하는 일이 반복될 것입니다.

즉, 구글 드라이브를 이용해 공유와 실시간 공동 편집은 편리해졌지만 파일 하나의 형태로 열고 닫는 업무 방식은 여전히 과거의 방식 그대로 유지되는 셈입니다. 또한 구글 드라이브에 보관된 프로젝트 관련 파일 목록은 결국 파일 탐색기 형태로, 전체를 조망할 수 있는 것은 아니어서 폴더 간에 끊임없이 이동해야 합니다.

프로젝트 관리를 위해 노션을 추가한 주요 이유가 여기에 있습니다. 노션으로 프로젝트를 관리하면, 파일을 열고 닫는 반복되는 시간을 확연하게 줄일 수 있습니다. 노션의 슬로건이자 가장 큰 장점인 All in one Workspace가 구현되는 것입니다. 저는 이 슬로건을 의역해서 '모든 업무를 한곳에서'라고 표현하고 있습니다. 노션이 프로젝트 관리 도구로 강력한 점은 데이터나 할 일 관리뿐만 아니라 업무 데이터를 한곳에 모을 수 있다는 점입니다. 구글 드라이브 링크를 노션에 입력하면 파일을 클릭하지 않고도 미리 보기로 내용을 확인할 수 있습니다. 커뮤니케이션 도구인 슬랙의 메시지도 노션에서 볼 수 있으며, 이 외에도 수십 가지의 도구를 노션에 임베드해서 사용할 수 있습니다. 업무 도구마다 강점이 있어서 각 도구를 사용하면 업무 효율이 상승합니다. 하지만 너무 많은 도구를 이용하면 오히려 업무 자산이 흩어져서 나중에는 어디에 어떤 데이터가 있는지도 기억하지 못하게 되죠? 그래서 이런 도구들의 업무 데이터를 모두 한곳으로 모아 주는 게 바로 노션입니다.

프로젝트 진행 상황, 프로젝트별 할 일 세부사항, 프로젝트에 필요한 각종 문서, 디자인 파일 등을 한곳에 모아 둠으로써 서로 다른 업무 도구를 사용해도 빠르게 찾을 수 있습니다. 또한 업무 요청, 완료, 진행 상황 파악 등을 다른 도구로 이동하지 않고 노션 하나로 처리하니 더욱 편리하게 업무를 관리할 수 있습니다.

TIP 프로젝트 관리에 관한 자세한 내용은 207쪽을 참고해 주세요.

☝ 일정 관리 업무 시스템 갖추기

일정 관리는 구글 캘린더를 추천합니다. 구글 캘린더는 모든 일정 관련 앱의 표준이라고 할 수 있으므로, 구글 캘린더만 잘 사용할 줄 알면 이후 다른 일정 관리 도구를 이용할 때 큰 어려움 없이 적응할 수 있습니다. 일정 관리 업무와 관련하여 컨설팅을 진행하면 가장 많이 듣는 질문이 '구글 캘린더나 노션으로 일정 관리를 통합할 수는 없나요?'입니다. 결론부터 말하면 가능하긴 하지만 추천하지는 않습니다. 이 2가지를 서로 다른 용도로 사용했을 때 그 성능을 최대로 발휘할 수 있기 때문입니다. 저자가 추천하는 일정 관리 공식은 다음과 같습니다.

- **구글 캘린더:** 미팅, 회의, 세미나, 웨비나 등 비공식 일정
- **노션:** 프로젝트 관리, 할 일 관리 등 공식 일정

구글 캘린더

구글 캘린더에 일정을 등록할 때도 기준을 세우는 것이 좋습니다. 저의 기준은 '누군가와 만나는가'입니다. 업무용 캘린더에는 당연히 미팅, 회의, 강의, 컨설팅 등이 있으니 일정으로 등록할 것입니다. 그렇다면 별도로 누군가와 만나는 것이 아닌 혼자 가서 듣는 세미나나 웨비나, 이벤트 같은 행사 참석은 어떻게 할까요? 누군가와 만날 약속을 한 것은 아니지만 암묵적으로 행사의 주최자, 행사의 연사나 참석자 등을 만나는 셈이니 일정으로 등록합니다. 개인 일정을 등록할 때에도 친구, 동료, 지인 등을 만나기로 했다면 만나는 사람을 기준으로 일정을 생성하죠.

노션

노션에서는 프로젝트별 일정을 관리합니다. 노션의 주된 용도는 프로젝트 관리이며, 프로젝트를 진행하면서 필요한 할 일 목록을 작성하게 됩니다. 이때 할 일들을 언제까지 완료해야 하는지, 언제 시작하는지 등의 일정은 별도의 구글 캘린더에서 관리하는 것보다 노션 자체에서 관리하는 것이 편리하겠죠? 물론 프로젝트를 진행하면서 회의나 미팅이 필요하다면 그 일정들은 노션과 구글 캘린더에 모두 작성하는 것이 좋습니다. 프로젝트 전체의 할 일과 일정은 노션에서 파악해야 하고, 구글 캘린더에서는 구성원 각자가 자신의 일정을 관리해야 하니까요.

시간과 기록에 따른 구분

노션과 구글 캘린더를 이용한 일정 관리 규칙을 보면 '구글 캘린더에서 일정을 관리하고, 노션에서 할 일을 관리하라는 건가?'라는 의문이 생길 것입니다. 단순하게 두 서비스의 용도를 일정과 할 일로 완벽히 구분할 수는 없습니다. 예를 들어 세탁소에 옷을 찾는 것은 세탁소 주인과 만나는 것이지만 할 일에 가깝고, 편의점에 들러 생필품을 사야 하는 것도 편의점 직원과 만나는 것이지만 일정보다는 할 일에 가깝기 때문이죠. 그러므로 제가 추가로 정리한 시간과 기록 관점을 소개합니다.

시간 먼저 시간을 기준으로 생각해 봅시다. 단순하게 생각해서 시간(마감 기한)이 정해져 있으면 일정, 그렇지 않으면 할 일이라고 구분할 수 있습니다. 예를 들어 4월 2일 15:00 병원 예약은 시간이 정해져 있으므로 일정입니다. 하지만 세탁소에 방문이라면 딱히 시간이 정해져 있는 것이 아니라 가능한 시간에 가면 됩니다. 편의점도 마찬가지입니다. 또 다른 예로 4월 6일 15시까지 기획서를 제출해야 한다면 할 일이라고 할 수 있지만, 마감 기한(시간)이 정해져 있으므로, 캘린더에 등록합니다. 즉, 시간을 변경할 수 없는 중요한 일은 캘린더에 등록합니다. 다만 할 일을 완료하거나 시간이 지나면 해당 할 일은 캘린더에서 삭제합니다.

기록 기록의 기준으로 생각해 봅시다. 구글 캘린더에 작성된 일정은 기록 기능으로도 사용하고 있습니다. 지난 과거의 기록을 찾아볼 수 있게 말이죠. 우리가 작성한 일정의 미래와 과거 기록 모두 볼 수 있게 캘린더를 활용하는 것입니다. 짧게는 어제 무엇을 했는지, 지난 주에 무엇을 했는지도 볼 수 있지만, 작년 혹은 그 이전에는 어떤 일들이 있었는지 찾아볼 수 있습니다. 따라서 구글 캘린더에는 기록할 만한 가치가 있는 것들을 남겨 보세요. 미팅, 회의, 세미나 등 업무에 관련된 내용은 물론, 개인적으로도 병원, 미용실, 친구들과 만남 등을 기록할 수 있죠. 저는 영화 관람 기록을 남기기도 합니다. 지인들의 생일도 캘린더에 등록했고요. 할 일 중에서도 기록할 만한 가치가 있다면 캘린더에 남겨 봐도 좋습니다. 단, 이렇게 캘린더를 기록과 같은 다양한 용도로 사용할 때는 용도에 맞게 캘린더를 추가해서 사용하는 것이 좋습니다.

일정 및 할 일 관리 도구

구글 캘린더에 익숙해지고, 일정 관리 업무에 조금 더 욕심이 생긴다면 다양한 일정 및 할 일 관리 도구를 살펴봐도 좋습니다. 띵스 3(Things 3), 판타스티컬(Fantasical), 타임트리(TimeTree) 등 다양한 일정 관리 앱이 있고, 투두이스트(Todoist), 틱틱(Ticktick), 아키플로우(Akiflow)처럼 일정과 할 일을 동시에 관리해 주는 앱도 있습니다. 이런 앱들은 구글 캘린더만 사용하는 것보다 더욱 편리한 기능을 제공합니다. 명령어를 이용해 빠르게 일정을 등록하거나 특정 이메일 주소로 메일을 받으면 자동으로 할 일이 등록되는 등 자동화 기능도 제공하죠. 집중력을 향상시켜 주는 포모도로(pomodoro, 짧은 시간의 작업과 휴식을 반복하는 시간 관리 기법) 기능(https://ko.wikipedia.org/wiki/포모도로_기법)이나 하루에 할 일을 얼마나 완료했는지 대시보드로 확인하는 기능도 있습니다. 다양한 도구의 특장점 등을 살펴본 후 선택해서 사용하면 일정 및 할 일 관리가 훨씬 편해질 것입니다. 또한 대부분의 일정 관리 도구는 구글 캘린더와 연동 기능을 지원합니다.

> **Note 시리얼의 소규모 조직 업무 시스템 컨설팅**
>
> 처음 업무를 시작하는 조직은 어떤 도구를 사용해야 업무 효율을 올릴 수 있을지 전혀 감이 없을 수 있습니다. 그러므로 우선 커뮤니케이션, 문서 작성, 파일 관리, 프로젝트 관리, 일정 관리 도구부터 정한 후 각 도구가 유기적으로 어떻게 활용될 수 있는지 정리해 보면 조직의 업무 도구 시스템이 빠르게 자리잡을 수 있을 것입니다. 지금까지 소규모 조직에 어울리는 조합으로 소개한 구글 워크스페이스+노션+슬랙은 어디까지나 일반적인 추천 도구입니다. 그러므로 상황에 맞게 다른 도구를 바꿔서 사용해도 무방합니다. 예를 들어 여러분의 조직에 구글 워크스페이스보다는 네이버웍스가 더 적합하다고 생각된다면 이메일, 파일 관리, 메신저, 달력 등 네이버웍스에서 제공되는 서비스를 파악한 후 제공되지 않는 기능을 해결하기 위한 도구를 찾으면 됩니다. 예를 들어 네이버웍스에는 프로젝트 관리 기능이 제공되지 않으니 노션만 추가해도 됩니다. 이후 문서 작성에 불편함을 느낀다면 마이크로소프트 365를 추가하거나, 메신저가 불편하다면 슬랙을 도입하는 등 점차적으로 보완할 수 있습니다. 다만 업무 도구는 변경할 때마다 업무 자산이 분산되므로 검토 단계에서 확실하게 파악한 후 변경해야 합니다.

회의 진행 중 업무 도구로
효율성 높이기

회의에서 주로 사용하는 도구는 회의 참석을 관리하고 예약하는 일정 관리 도구와 회의록을 작성하는 문서 작성 도구입니다. 최근에는 온라인 회의 진행이 점차 늘고 있으므로 화상 회의 도구도 필요할 수 있습니다. 또한 회의 중에 브레인스토밍을 위한 화이트보드나 마인드맵, 온라인에서 사용할 수 있는 포스트잇 같은 도구도 필요할 것입니다. 심지어 회의 내용 녹음 시 단순히 음성을 녹음하는 게 아니라 AI가 음성을 인식해서 회의 참석자를 구분한 후 음성 녹음과 기록된 음성을 텍스트로 입력 및 출력할 수 있는 도구도 있습니다. 이러한 일련의 도구들을 활용하여 회의 업무의 효율성을 높이는 방법을 알아보겠습니다.

↗ 회의 진행을 위한 기본적인 도구 활용 방법

회의를 진행할 때 필요한 도구는 회의를 예약하는 일정 관리 도구와 회의록을 작성하는 문서 작성 도구입니다. 일정 관리 도구는 구글 캘린더, 문서 작성 도구는 구글 문서 작성 도구를 추천합니다. 오프라인 회의 상황을 가정해서 각 도구를 어떻게 활용하는지 예를 들어 보겠습니다. 우선 '2023년 1/4분기 매출 결산' 회의를 진행한다고 가정하겠습니다.

회의 전 가장 먼저 할 일은 구글 캘린더에서 회의 참석자들의 일정을 확인하는 것입니다. 조직에서 구글 워크스페이스를 사용 중이라면 권한에 따라 구성원들의 일정을 확인할 수 있기 때문입니다. 그러므로 캘린더 목록에서 회의 참석 예정자들의 캘린더를 모두 선택해서 확인하고, 회의 예정일인 2023년 4월 12일 중 특정 시간에 참석 예정자 모두 일정이 비어 있다면 해당 시간대를 선택해서 일정을 등록하고 초대합니다. 참고로 자신의 일정을 등록할 때 다른 구성원이 내 일정의 세부 내용을 확인할 수 있도록 하거나, 한가함/바쁨 정보로 일정 유무 정도만 확인하게 설정할 수 있습니다.

> **Note 구글 캘린더에 회의 일정 등록 매너 및 요령**
>
> **회의 등록 매너:** 캘린더에 일정을 등록하고 구성원을 초대할 때 주의할 점이 있습니다. 상대 구성원의 일정이 비어 있더라도, 회의 참석 예정자라고 해서 무작정 초대하면 불편함을 느낄 수 있다는 것입니다. 캘린더 일정은 비어 있더라도 개인 시간이 필요하거나 다른 캘린더에 일정을 기록하는 등 변수가 있을 수 있기 때문입니다. 따라서 회의 시간을 특정했더라도 곧바로 등록하고 초대하는 것보다는 일단 참석 예정자들에게 해당 시간에 회의를 진행하겠다고 안내하여 동의를 구한 후 진행하는 것이 좋습니다.
>
> **회의 등록을 위한 필수 정보:** 회의 일정을 등록할 때 반드시 필요한 정보가 있습니다. 누가, 언제, 어디서, 무엇을, 어떻게, 왜, 즉 우리가 익히 알고 있는 육하원칙에 따라 일정을 등록해야 합니다. 다음 예시와 같이 육하원칙에 따른 정보가 포함되도록 하며, 한 가지 더 추가하면 회의에 사용할 회의록 링크까지 첨부해 두면 좋습니다. 회의록은 구글 문서 작성 도구를 이용하여 사내 정보 관리 규칙에 맞게 미리 생성해 놓으면 이후 편리하게 확인할 수 있습니다. 회의록 문서를 미리 생성해 두지 않았다면 구글 캘린더로 일정을 등록하는 과정에서 설명란에 있는 [회의록 작성] 버튼을 눌러 손쉽게 회의록을 생성하여 링크를 첨부할 수 있습니다.

	예시
누가(회의 참석자)	전시진, 차민재, 박주하, 장서인, 김영욱
언제(회의 일시)	2023년 4월 12일(수) 14:00-15:00
어디서(회의 장소)	회의실 A
무엇을(회의 주제)	2023년 1/4분기 매출 결산
어떻게(회의 형태)	오프라인
왜(회의 목적 또는 목표)	1. 각 팀별 매출 보고 2. 매출 감소에 따른 원인 분석 3. 2/4분기 매출 증진을 위한 계획 발표
회의록	https://

온라인 화상 회의 준비 온라인 미팅을 준비한다면 캘린더 등록 시 회의 장소에 화상 회의 링크를 추가하면 됩니다. 구글 캘린더를 이용한다면 [Google Meet 화상 회의 추가] 버튼을 클릭해서 자동으로 구글 미트 링크를 추가할

수 있으며, 회의 참석자들은 일정 알림과 동시에 링크를 클릭하여 화상 회의를 시작할 수 있습니다. 만약 별도로 줌을 이용한다면 회의에 필요한 주제, 일시 등을 입력해 회의실을 생성하고 자동으로 구글 캘린더에 추가할 수 있습니다.

회의 진행 모든 참석자가 회의실에 입장했으면 회의를 진행하기에 앞서 구글 캘린더나 이메일로 전달된 회의록을 안내한 후 클로바노트(Clova Note)를 실행한 채 회의를 진행합니다.

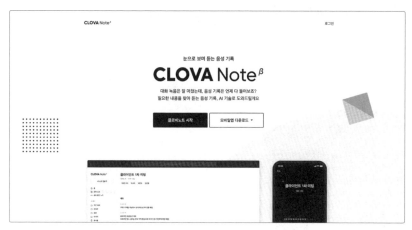

▲ https://clovanote.naver.com/

클로바노트는 네이버에서 만든 AI 기술을 활용한 음성 기록 관리 서비스로 스마트폰에 설치하여 사용할 수 있습니다. 단순히 음성을 녹음할 뿐만 아니라 AI 기술을 이용해 음성을 분석하고 내용을 요약 정리해 줍니다. 음성을 녹음하는 중에도 특정 시간에 메모나 북마크를 할 수도 있습니다. 따라서 회의 주제를 미리 공유하고, 순서대로 진행하기만 하면 메모나 북마크를 통해 해당 주제의 내용을 손쉽게 찾아 다시 들을 수 있죠. 게다가 사용자의 목소리를 인식하기 때문에 참석자에 따라 어떤 사람이 어떤 말을 했는지도 파악할 수 있습니다. 음성 파일은 링크를 통해 손쉽게 공유할 수 있으며, 보안이 필요한 경우 비밀번호를 설정할 수도 있습니다. 텍스트로 내보내서 문서나 영상 더빙에 활용할 수도 있죠.

회의 후 회의가 끝나면 클로바노트의 음성 파일과 텍스트를 활용해 회의록을 정리합니다. 그런 다음 앞서 구글 캘린더에 등록된 일정의 세부 정보에서 [참석자에게 이메일 보내기] 버튼을 눌러 참석자들에게 다시 한번 회의록과 회의 내용을 정리해 전달합니다.

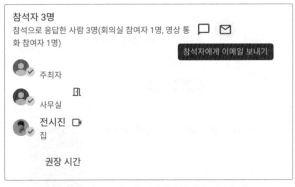

▲ 구글 캘린더에 있는 참석자에게 이메일 보내기 기능

회의 종류에 따라 시간 절약하기

정보 전달을 위한 회의 2023년 1/4분기 매출 결산과 같은 회의는 정보 전달형 회의입니다. 정보 전달형 회의는 말이나 발표를 최대한으로 줄이고 서면으로 전달할 수 있는 내용이 많습니다. 따라서 회의에 사용할 자료들은 구글 드라이브에 회의용 폴더를 만든 후 폴더 링크를 생성하여 회의 참석자들에게 사용 권한을 줍니다. 그런 다음 해당 폴더에 전달할 내용(자료)을 미리 입력(첨부)해 놓는다면 회의 시간을 줄일 수 있습니다. 예를 들어 영업팀의 1/4분기 실적 보고 자료가 있다면 회의록에 해당 자료를 볼 수 있는 구글 드라이브 링크를 미리 포함시켜 놓고, 중요 내용만 정리해서 회의록에 작성하는 형태입니다.

정보 전달형 회의에서는 발표 내용이 끝나고 나면 발표자는 한시름 놨다는 생각에 집중력이 떨어질 것입니다. 따라서 전달할 정보는 최대한 서면으로, 전달할 자료는 미리 구글 드라이브나 회의록의 링크 형태로 전달하여 회의 시간도 줄이고 자료도 회의 참석자 모두 손쉽게 찾아볼 수 있어야 합니다.

아이디어를 위한 회의 아이디어 회의는 말 그대로 아이디어를 얻고자 진행하는 회의입니다. 대표적으로 브레인스토밍을 진행하며, 이때 필요한 도구는 화이트보드나 마인드맵, 포스트잇 등이 있으나, 디지털 도구인 미로를 추천합니다.

▲ https://miro.com/ko/online-whiteboard/

미로는 디지털 협업 도구로 화이트보드뿐만 아니라 다이어그램, 로드맵, 플로차트, 브레인스토밍, 칸반보드, 서비스 블루프린트 등 다양한 형태로 이용할 수 있습니다. 사용자를 초대해 실시간으로 편집할 수도 있고, 외부 서비스와 연결할 수도 있기 때문에 아이디어 회의가 풍성하고 편리해질 것입니다.

의사 결정을 위한 회의 의사 결정형 회의는 발생한 문제에 대해 해결 방안을 논의하기 위해 진행하는 경우가 많습니다. 이러한 의사 결정형 회의에서는 다양한 아이디어가 나오면서 자칫 주제에 어긋나는 발언이나 의견으로 인해 회의의 본질이 흐려지는 경우가 종종 있습니다. 그러므로 구글 프레젠테이션 등을 이용해 슬라이드 화면을 스크린에 띄우고 현재 논의 주제를 상기시키면서 회의를 진행하는 것이 좋습니다.

프로젝트 관리 도구로
업무 효율 높이기

많은 조직이 프로젝트를 중심으로 돌아가는 만큼 프로젝트 관리를 위한 전문 도구들도 다양합니다. 이러한 프로젝트 관리 도구는 일정, 파일, 커뮤니케이션, 문서 등 업무에 필요한 대부분의 기능을 포함하고 있습니다. 따라서 프로젝트 관리 도구 하나만 잘 선정한다면 다른 업무 도구들은 사용하지 않아도 될 정도입니다. 이전에는 프로젝트 관리에 엑셀이나 워드, 한글과 같은 문서 작성 도구를 주로 이용했다면 요즘에는 프로젝트에 참여하는 구성원들이 실시간으로 공동 작업할 수 있는 SaaS 기반 서비스를 주로 사용합니다. 그러므로 SaaS 기반 프로젝트 관리 도구를 중심으로 업무 효율을 향상시킬 수 있는 방법과 프로젝트 관리 도구 선정 요령에 대해 이야기해 보겠습니다.

프로젝트 관리 도구에 필요한 다양한 기능들 중에서 대표적으로 자주 사용하고, 궁극적으로 필요로 하는 기능들을 꼽자면 바로 대시보드(Dashboard), 통합, 자동화입니다. 제가 업무 방식 개선을 위한 컨설팅을 진행해 보면 대부분의 회사들이 요청하는 것도 바로 이 3가지였습니다. 그러므로 대시보드, 통합, 자동화 기능이 잘 정리되어 있다면 다른 업무 방식은 쉽게 정리할 수 있습니다.

📤 필요에 따라 변형할 수 있는 노션 대시보드

프로젝트 업무에서는 정말 많은 것들을 관리하게 됩니다. 프로젝트와 관련하여 기획서, 제안서, 보고서 등 각종 문서 파일은 물론이고 일정 관리, 커뮤니케이션, WBS(Work Breakdown Structure, 프로젝트의 작업을 계층에 따라 분류하는 구조), 개요, 참고 자료, 회의록, 진행 히스토리, 진행 상황, 달성률, 할 일 등 수없이 다양하죠. 전통적인 업무 방식에서는 이 모든 것을 관리하기 위해 개별 문서를 만들어야 했습니다. 주제에 따라 문서를 구분하고, 프로젝트별 하나의 폴더에 모아서 보관하더라도 세부 내용을 확인하려면 다시 문서를 일일이 실행해서 확인해야 했습니다. 또한 수정사항이 있으면 관련된 모든 자료에서 일일이 업데이트를 해야 했었죠. 얼마나 많은 불편함이 있었는지 실감이 되나요?

하지만 SaaS 기반 도구를 이용함으로써 이런 불필요한 시간은 획기적으로 줄일 수 있습니다. 회의록을 찾거나 수정된 WBS를 받기 위해 누군가에게 요청할 필요가 줄어들고, 참고 자료, 진행 상황 파악 등도 손쉽게 파악할 수 있습니다. 이런 역할을 하는 대표적인 기능이 바로 대시보드입니다.

노션, 아사나, 트렐로 등 다양한 프로젝트 관리 도구가 있지만 역시 자유로운 커스터마이징이 가능한 노션을 추천합니다. 앞서 여러 번 언급한 것처럼 노션을 이용하면 프로젝트 진행 현황뿐만 아니라 회의록, 참고 자료 정리, 통합 문서 관리 등 다양한 업무와 정보를 한곳에 모을 수 있으므로, 노션으로 대시보드를 만들면 다음과 같은 형태가 가능해집니다.

아래 대시보드 템플릿의 사용 방법과 템플릿 다운로드는 다음 동영상 강의를 참고하세요.

https://m.site.naver.com/1fuYo

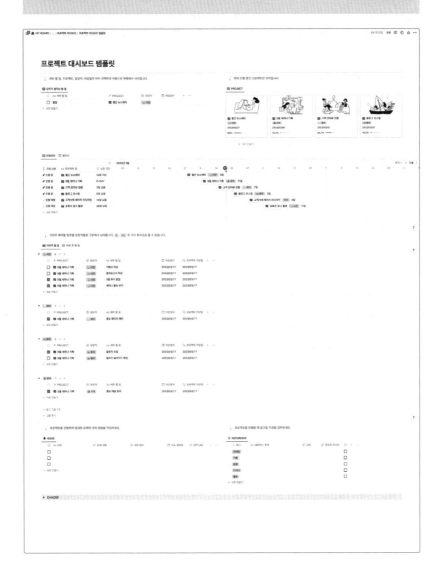

앞의 화면은 노션으로 만든 대시보드이며, 프로젝트를 관리할 때 필요한 내용들이 모두 포함된 형태입니다. 또한 자유도가 높기 때문에 사용하면서 맞지 않는 부분을 보완해 나갈 수도 있습니다. 앞의 대시보드에 포함된 세부 내용을 살펴보면서 여러분이 만들어 갈 대시보드의 모습도 고민해 보세요.

갑자기 생각난 할 일

프로젝트 대시보드의 상단에는 갑자기 생각난 할 일을 작성할 수 있습니다. 예상치 않게 할 일이 생겼는데 '나중에 해야지' 하고 생각했던 것을 메모로 남겨 두지 않으면 금세 기억에서 사라질 것입니다. 그러므로 급하게 메모로 남길 할 일을 상단에 배치했습니다. 일단 간단하게 메모 형식으로 갑자기 생긴 할 일을 기록해 놓고 추후 다시 분류해서 적절한 위치로 옮기는 과정을 거칩니다. 모바일에서도 프로젝트 페이지를 즐겨찾기 해 두면 상단 내용을 가장 쉽게 확인할 수 있으므로, 언제든 급하게 추가된 일을 확인하거나 메모할 수 있습니다.

예시의 대시보드에서 갑자기 생각난 할 일 작성 양식은 다음과 같이 할 일을 입력한 다음 프로젝트명, 담당자, 마감일을 순서대로 입력하는 형태이며, 입력이 모두 끝나면 자동으로 해당 목록에서 사라지도록 설정했습니다. 할 일의 분류가 끝났기 때문이죠. 분류된 할 일은 해당 프로젝트 페이지나 타임라인 등 다른 보기에서 볼 수 있습니다.

💡 세부 할 일, 프로젝트, 담당자, 마감일자 까지 선택하면 자동으로 목록에서 사라집니다.

⊞ 갑자기 생각난 할 일				
☀ Aa 세부 할 일	↗ PROJECT	⊙ 담당자	▭ 마감일자	+
☐ 할일	🖼 월간 뉴스레터	🧑 시진		
☐ 갑자기 생각난 할 일				
☐ 논의가 필요한 할 일				
+ 새로 만들기				

프로젝트 목록

다음으로 현재 진행 중인 프로젝트 목록을 배치했습니다. 진행 중인 프로젝트의 개수에 따라 카드 형태로 나타나고, 전체 프로젝트에서 세부 프로젝트도 해당 목록을 이용하면 됩니다. 프로젝트 메인 이미지와 함께 프로젝트 제목, 담당자, 프로젝트 종료일, 달성률 그래프를 바로 확인할 수 있도록 설정되어 있습니다. 참고로 달성률은 아래쪽에 배치된 할 일 목록과 연동되어, 프로젝트와 연동된 할 일을 완료할수록 달성률이 높아집니다. 달성률이 100%가 되면 프로젝트가 완료되었다는 의미이므로 해당 목록에서 사라지도록 설정되어 있습니다.

💡 현재 진행 중인 프로젝트만 보여집니다.

🆗 PROJECT

🖼 월간 뉴스레터
🧑 시진
2023/02/27
80% ▬▬

🖼 5월 세미나 기획
👤 규리
2023/03/06
12.5% ●▬▬

🖼 고객 인터뷰 진행
💬 희아
2023/03/13
66.7% ▬▬●

🖼 블로그 포스팅
🐟 희우
2023/03/20
14.3% ●▬▬

일정 관리

다음은 일정 관리입니다. 프로젝트 전체의 진행 현황과 남은 기간, 진척 정도를 간트(Gantt) 차트 형태로 파악할 수 있습니다. 간트 차트는 프로젝트 목록에 작성해 둔 일정을 기반으로 표시되며, 일정 관리나 프로젝트 목록 어디서든 한곳에서 일정을 변경하면 다른 곳에도 자동으로 반영됩니다.

▲ 간트 차트 형태로 일정 확인하기

또한 왼쪽 위에 있는 [캘린더] 탭을 클릭해서 달력 형태로 확인할 수도 있습니다. 어떤 프로젝트가 언제 시작되었는지 또는 언제 종료될 예정인지 빠르게 파악할 수 있으며, 담당자와 달성률도 확인할 수 있는 영역입니다.

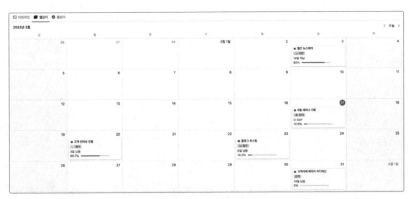

▲ 캘린더 형태로 일정 확인하기

계속해서 아이콘 모양이 다른 [캘린더] 탭에서는 달력 형태는 동일하나 위와 달리 어떤 업무를 언제까지 해야 하는지 파악할 수 있으며, 설정에 따라 할 일의 담당자나 프로젝트의 종료일을 확인할 수 있도록 되어 있습니다.

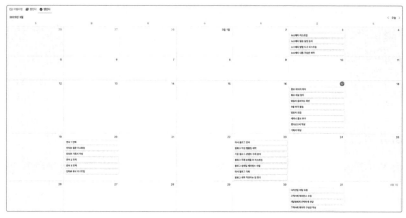

▲ 캘린더 형태로 업무별 마감일 파악하기

할 일 관리

다음은 담당자별 할 일 목록이 있습니다. 필터 기능을 이용해 이번 주에 할 일, 지난 주에 한 일 등을 구분해서 볼 수 있으며, 표 형태에서 보드 형태로 보기 방법을 변경할 수 있습니다.

▲ 표 형태로 할 일 확인하기

▲ 보드 형태로 할 일 확인하기

이슈 관리

할 일 관리 아래에는 프로젝트를 진행하며 발생한 이슈와 대처 방안을 작성해 두는 영역입니다. 프로젝트 진행 중에 발생한 장애물이나 어려움 등을 자세하게 기록해 놓을수록 이후 새로운 프로젝트를 대비하여 미리 준비할 수 있으며, 더욱 원활하게 프로젝트를 진행할 수 있습니다.

☑	Aa 이슈	☰ 상세 내용	☰ 대처 방안	🗓 이슈 생성일
☐				
☐				
☐				

💡 프로젝트를 진행하며 발생한 문제와 대처 방법을 작성하세요.

✳ ISSUE

+ 새로 만들기

참고 자료 관리

마지막은 참고 자료 관리입니다. 프로젝트를 진행할 때 참고했던 파일, 문서, 링크, 이미지를 저장해 둘 수 있는 공간입니다. 레퍼런스 이름이나 주제를 넣고, URL이나 첨부 자료를 보관할 수 있습니다. 보관한 자료를 쉽게 검색하거나 분류하기 위해 태그를 추가했고, 참고 자료 확인이 끝난 후 오른쪽 끝에 체크 박스에 체크하면 목록에서 사라지도록 설정했습니다. 해당 자료를 지우는 것이 아니라 목록에서 가리기만 하는 것이므로 필요에 따라 언제든 다시 확인할 수 있습니다. 이렇게 프로젝트별로 참고 자료를 모아 놓으면 다음에 비슷한 프로젝트를 진행할 때에 미리 모아 놓은 참고 자료를 살펴본 뒤 더 발전된 형태로 프로젝트를 진행할 수 있습니다.

💡 프로젝트를 진행할 때 참고할 자료를 입력하세요.						
※ REFERENCE						
≔ 태그	Aa 레퍼런스 주제		🔗 URL	📎 파일과 미디어	☑	+ ⋯
마케팅					☐	
기획					☐	
운영					☐	
디자인					☐	
홍보					☐	
+ 새로 만들기						

📤 거의 모든 자료를 한곳으로 통합하기

프로젝트를 관리하면서 필요한 기능 두 번째는 통합입니다. 통합은 다른 도구에 있는 업무 자료를 한곳으로 모으는 것이죠. 프로젝트 관리를 위한 도구로 노션을 추천하지만, 그렇다고 노션이 모든 기능을 완벽하게 해결할 수 있는 것은 아닙니다. 예를 들어 브레인스토밍을 하려면 그림을 그리거나 이미지를 자료를 활용하는 등의 활동이 필요한데, 노션에서 드로잉, 이미지 편집이나 마인드맵 같은 기능 구현이 쉽지 않습니다. 따라서 미로(Miro), 프리폼(Freeform), 윔지컬(Whimsical) 같은 서비스를 추가로 이용할 수밖에 없죠. 또한 데이터를 이용한 분석이나, 차트 구현 기능도 구글 시트나 루커 스튜디오를 이용해야 합니다. 이처럼 상황에 따라 주요 도구를 보조해 줄 도구를 하나씩 추가할 일이 생기게 되고 결국에는 프로젝트 관리를 위한 도구가 하나가 아닌 수십 개에 이르는 상황이 발생할 수도 있습니다. 즉, 업무 자산이 분산되는 것이죠. 도구를 줄이는 것도 좋은 방법이지만, 각 기능에 특화된 도구를 사용할수록 업무 효율을 높일 수 있다면 어떤 선택을 해야 할까요?

이때 필요한 것이 바로 통합 기능입니다. 도구별로 업무 자산이 분산되어 있으면 프로젝트를 진행하는 중에는 생성된 업무 자산을 쉽게 찾을 수 있겠지만, 이후 프로젝트가 종료되었거나 시간이 지나면 흩어져 있는 업무 자산을 찾기가 쉽지 않을 것입니다. 따라서 여러 도구를 사용하며 자산이 분산되어 있더라도 반드시 하나의 도구에서 통합 관리할 필요가 있으며, 이 기능 역시 노션에 잘 갖춰져 있습니다.

임베드

외부에 있는 자산을 노션으로 가져올 때 임베드(Embed) 기능을 사용합니다. 오디오 파일, PDF, 이미지, 영상은 물론이고 디자이너가 자주 사용하는 피그마, 개발자가 자주 사용하는 깃허브, SNS인 X 등 다양한 형태의 자산을 노션에 통합할 수 있습니다. 물론 구글 드라이브나 구글 맵의 데이터도 가져올 수 있죠.

임베드 유형

Notion 페이지에는 거의 모든 온라인 콘텐츠를 임베드할 수 있습니다. 그 중, 가장 많이 사용되는 앱과 미디어 유형은 바로가기가 마련되어 있습니다.

- Abstract
- 오디오
- CodePen
- Excalidraw
- Figma
- 파일
- Framer
- GitHub
- Google Drive
- Google Maps
- 이미지
- InVision
- Loom
- Miro
- PDF
- Sketch
- Tweet
- Typeform
- 동영상
- Whimsical

/ 명령을 사용하거나, 새 라인에 마우스를 가져가면 왼쪽에 나타나는 + 아이콘을 클릭하여 원하는 콘텐츠를 추가하세요. 예를 들어, /트윗 을 입력하여 트윗을 임베드하거나 /figma 를 입력하여 Figma의 디자인을 임베드할 수 있습니다.

▲ 노선에 임베드할 수 있는 다양한 유형의 업무 자산

분산되어 있는 각종 자료를 노선에 임베드하면 하나의 노선 프로젝트 페이지에서 다양한 업무 자산을 살펴볼 수 있습니다. 외부 앱에 따라 링크나 북마크 형태로 임베드되기도 하지만 미리 보기 형태로 임베드할 수도 있어 외부 앱으로 빠져나가지 않고 노션에서 해당 내용을 모두 살펴볼 수 있는 셈입니다.

4. 강의 스타일(YouTube Live)

▲ 노선에 임베드하여 노션에서 바로 시청할 수 있는 유튜브 동영상

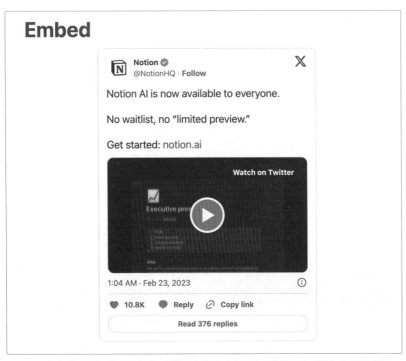

Embed

▲ 노션에 X를 임베드하면 프로젝트 진행 중 경쟁사 소식 등을 실시간으로 확인할 수 있습니다.

API

업무 도구를 통합할 때에는 API(Application Programming Interface)를 활용하는 방법도 있습니다. API는 소프트웨어 간 서비스 계약을 의미하는데, 요청과 응답을 사용하여 서로 통신을 주고받는 것을 말합니다. 서로 다른 소프트웨어 간 응답을 서로 주고받는 것이죠. 예를 들어 한국인과 중국인이 서로의 언어를 몰라도 영어로 소통할 수 있듯이 서로 다른 소프트웨어도 응답을 주고받는 공통의 규칙 같은 걸 만들어 두고 서로의 데이터를 주고받는 기능입니다. 이 기능을 이용하면 서로 다른 서비스의 정보를 주고받을 수 있습니다.

해외에서 출시된 서비스들은 대부분 API를 공개하여 서비스를 서로 연결하여 업무 자산을 주고받을 수 있습니다. 이러한 API 이용은 기본적으로 개발자가 아닌 일반 사용자들에게는 다소 어려운 영역일 수 있습니다. 하지만 자피어, IFTTT, 파워 오토메이트와 같은 서비스를 활용하여 코딩을 하지 않아도 연결할 수도 있습니다.

예를 들어 페이스북 광고를 통해 세일즈 리드가 들어오면 이메일로 알려 주거나 구글 시트에 자동으로 응답을 남기고, 설문에 응답이 들어오면 이메일이나 슬랙으로 알려 주는 등 서비스 간 연결하여 무궁무진한 업무 자동화를 구현할 수 있습니다.

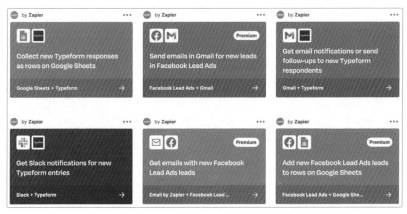

▲ 자피어를 이용한 API 활용

📤 빠른 진행 상황 확인을 위한 알림 자동화

업무 방식 개선을 고민하는 많은 조직에서 궁금해 하는 것 중 하나는 프로젝트 진행 상황 관리입니다. 일반적으로 프로젝트 진행 중 할당된 할 일의 진행 상황을 파악하려면 담당하는 동료에게 직접 물어보거나 회의에서 진행 상황을 공유하곤 했습니다. 하지만 프로젝트를 진행할 때 한 번에 하나의 프로젝트만 진행하기보다는 동시에 여러 프로젝트를 진행할 때가 많으므로 매번 회의를 진행하거나 물어보는 방식은 많은 시간이 소요될 뿐만 아니라 제대로 파악하기도 어렵습니다. 여러 프로젝트가 동시에 진행 중이므로 아무리 담당자라고 하더라도 모든 상황을 머릿속에 정확하게 파악하고 있기 어렵기 때문입니다. 그러므로 문서에 진행 상황을 작성해서 공유하는 것이 좋고, 공유하는 도중에도 상황이 변경될 수 있으므로 실시간 확인도 가능해야 합니다.

프로젝트 관리 도구를 이용할 때 가장 큰 장점을 꼽으라면 실시간으로 진행 상황을 파악할 수 있다는 것입니다. 담당자에게 매번 묻지 않아도 되고, 링크를 누르거나 앱을 실행하면 정확하고 빠르게 실시간 현재 상황을 확인할 수 있으니 이보다 편할 수 없겠죠? 그런데 바쁠 때는 링크를 클릭하거나 앱을 실행하는 것조차 어려울 수 있습니다. 진행 중인 프로젝트가 많을수록 프로젝트별 링크를 찾는 것도 힘들 수 있습니다. 이럴 때 여러분이 일일이 신경을 쓰지 않아도 진행 상황에 따라 알아서 알림을 받을 수 있다면 어떨까요?

알림 자동화 기능이면 가능합니다. 알림 자동화는 말 그대로 자동으로 알림을 받는 기능입니다. 설정에 따라 데스크탑, 모바일 등 원하는 기기에서 알림을 받을 수 있습니다. 알림을 받는 방법도 사용 중인 자체 앱을 이용하거나 알림을 전문으로 제공하는 서비스를 이용할 수도 있습니다. 예를 들어 업무가 완료되면 노션에서 알림을 받을 수 있지만, 슬랙에서 받을 수도 있습니다. 그러므로 알림을 받을 때는 해당 서비스의 알림보다는 업무용 메신저나 이메일과 연동해서 받는 걸 추천합니다. 사내에서 업무용 메신저(슬랙, 잔디, 팀즈 등)를 사용한다면 업무용 메신저로 알림을 받고, 그렇지 않으면 이메일로 알림을 받는 것입니다. 물론 개인이라면 업무용 메신저의 무료 버전을 이용해도 됩니다.

업무용 메신저나 이메일로 알림을 받는 이유는 알림 필터링 기능 때문입니다. 알림도 많아지면 결국 업무 스트레스가 되거나 정말 중요한 알림을 놓치게 되는 상황이 발생할 수도 있으므로, 꼭 필요한 알림만 받도록 설정해야 합니다. 무엇보다 사용자 간 대화하는 메신저 알림은 주로 업무 시간에만 사용되므로 큰 무리는 없겠지만, 업무 도구에서 발송되는 알림은 업무 시간 이외의 시간에도 전달될 수 있습니다. 그러므로 시간대를 지정하거나, 자신을 언급한 알림만 받게 설정할 수 있으며, 기기별로 알림을 다르게 설정할 수도 있습니다. 이렇게 알림 필터링 기능을 이용하여 시간, 채널, 기기별 알림을 잘 설정해 놓으면 중요한 알림을 놓치거나 불필요한 알림으로 스트레스를 받는 상황을 어느 정도 예방할 수 있습니다.

환경설정			×
🔔 알림	다음에 대해 알림...		알림에 관하여 ⑦
▥ 사이드바	○ 모든 새 메시지		
◎ 테마	◉ 다이렉트 메시지, 멘션 및 키워드		
◎ 메시지 및 미디어	○ 없음		
⊕ 언어 및 지역	☐ 모바일 기기별로 서로 다른 설정 사용		
⊟ 접근성			

▲ 슬랙 메신저의 알림 환경설정

이렇게 업무용 메신저나 이메일로 알림을 몰아서 받고, 필요에 따라 적절한 필터링을 설정하면 앱 간 전환을 줄일 수 있습니다. 하나의 도구에서 채널만 이동하면 되기 때문에 손쉽게 알림 목록 등을 확인할 수 있습니다.

업무 진행 상황 알림

내가 다른 업무를 하고 있을 때에 누군가 업무를 완료했다면 업무가 완료되었다는 알림을 받게 됩니다. 예를 들어 동료에게 홈페이지 수정을 요청했는데 동료가 업무 완료로 내용을 변경한다면 자동으로 알림을 받게 되는 것입니다.

▲ 노션의 페이지 변동 알림

이렇게 알림을 자동화해 두면 동료가 매번 업무 완료 상황을 별도로 공유할 필요가 없게 되는 것입니다.

개발자들의 서버 알림

알림 자동화를 가장 잘 활용하는 조직은 대체로 서버를 관리하는 개발자 직군일 것입니다. 서버를 관리하는 애플리케이션에 갑자기 문제가 생긴다면 최대한 빠르게 대응해야 합니다. 그런데 서버 상태에 대한 알림이 자동화되어 있지 않다면 구성원 중 누군가가 매번 서버의 상태 창을 확인해야 합니다. 상당히 불편하겠죠. 하지만 알림 자동화 기능을 사용한다면 서버에 문제가 생겼을 때마다 자동으로 알림을 받을 수 있으며, 그만큼 빠르게 문제에 대응할 수 있게 됩니다. 알림의 조건을 설정하여 서버에 문제가 생겼는데 3분 이내에 서버 상태 창에 관리자가 접속하지 않으면 30초 간격으로 계속 알림을 보내거나, 5분 이내에 관리자가 접속하지 않으면 당직 근무를 하는 개발자뿐만 아니라 다른 구성원에게도 알림을 보내 최대한 빠르게 수습할 수 있습니다.

문의 제출 알림

제가 가장 많이 사용하는 알림은 문의 제출 알림입니다. 홈페이지나 강의 자료에 온라인 설문을 만들어 놓고 누군가 설문을 제출하면 제출한 내용과 함께 알림을 받을 수 있도록 설정해 두었습니다. 강의, 컨설팅 문의와 만족도 조사를 받고 있는데, 알림을 받을 때마다 내용을 모두 실시간으로 확인할 수 있어서 아주 편리합니다.

☐	☆	≫	Tally Forms	시리얼/강의	New Tally Form Submission for 강의 및 컨설팅 문의 -
☐	☆	≫	Tally Forms	시리얼/강의	New Tally Form Submission for 강의 및 컨설팅 문의 -
☐	☆	≫	Tally Forms	시리얼/컨설팅	New Tally Form Submission for 강의 및 컨설팅 문의
☐	☆	≫	Tally Forms	시리얼/컨설팅	New Tally Form Submission for 강의 및 컨설팅 문의
☐	☆	≫	Tally Forms 2	시리얼/컨설팅	New Tally Form Submission for 강의 및 컨설팅 문의
☐	☆	≫	Tally Forms 2	시리얼/강의	New Tally Form Submission for 강의 및 컨설팅 문의 -
☐	☆	≫	Tally Forms 3	시리얼/강의	New Tally Form Submission for 강의 및 컨설팅 문의 -
☐	☆	≫	Tally Forms	시리얼/컨설팅	New Tally Form Submission for 강의 및 컨설팅 문의
☐	☆	≫	Tally Forms	시리얼/강의	New Tally Form Submission for 강의 및 컨설팅 문의 -
☐	☆	≫	Tally Forms	시리얼/컨설팅	New Tally Form Submission for 강의 및 컨설팅 문의
☐	☆	≫	Tally Forms	시리얼/강의	New Tally Form Submission for 강의 및 컨설팅 문의 -
☐	☆	≫	Tally Forms	시리얼/컨설팅	New Tally Form Submission for 강의 및 컨설팅 문의
☐	☆	≫	Tally Forms	시리얼/컨설팅	New Tally Form Submission for 강의 및 컨설팅 문의

📤 프로젝트 관리 도구 선정 시 고려할 10가지

수많은 프로젝트 관리 도구 중에서 어떤 도구를 도입해야 우리 조직에서 잘 활용할 수 있을지 많은 조직에서 고민할 것입니다. 무작정 도입부터 하려니 비용뿐만 아니라 시행착오로 인한 시간 낭비 등이 우려됩니다. 그러므로 처음부터 각 조직에 맞는 프로젝트 관리 도구를 제대로 선택하는 것이 좋겠죠? 여기서는 제 경험을 바탕으로 실패를 최소화할 수 있는 프로젝트 관리 도구 선정 기준 10가지를 소개합니다.

1. 보편성

저의 주관적인 견해로 가장 중요한 고려 사항은 얼마나 많은 사람이 사용하는지 살펴보는 보편성입니다. 많은 사람이 사용한다면 그만큼 검증되었다는 의미이니까요. 특히 보편성이 좋은 도구는 학습에도 편리합니다. 많은 사람이 사용하는 도구일수록 유튜브나 블로그 등에 자주 소개되고, 사용 방법에 대한 콘텐츠도 많기 때문입니다. 즉, 보편성이 좋으면 조직에서 신규 입사자의 교육이 수월하며, 입사 전부터 이미 사용법을 알고 있을 가능성도 높아집니다. 오히려 현재 조직에 있는 구성원보다 더 잘 다룰지도 모릅니다.

2. 사용성

UI/UX를 비롯해 사용성이 좋으면 별도의 교육 없이 처음 도구를 사용하더라도 어느 정도 수준까지는 사용할 수 있습니다. 예를 들어 돋보기 아이콘을 누르면 검색을 할 수 있고, 톱니바퀴 아이콘을 누르면 환경설정에 진입하며, 오른쪽이나 왼쪽 상단에 가로로 세 줄이 표시된 햄버거 아이콘을 누르면 메뉴가 펼쳐진다는 것은 지금까지 다른 도구들을 사용해 본 경험으로 충분히 알 수 있습니다. 즉, 완전히 처음 보는 도구라도 이렇게 일반적인 사용자 경험을 바탕으로 제작된 도구라면 무리 없이 기본 기능을 이용할 수 있습니다. 게다가 IT에 친화적인 사람일수록 도구를 사용하는 데 무리가 없으며, 손쉽게 이용할 수 있습니다. 한글 메뉴가 잘되어 있다면 더할 나위 없죠.

사용성이 좋으면 새로운 도구를 도입하기 위해 구성원들을 설득하는 일도 수월할 것입니다. 흔히 사용하던 엑셀이나 파워포인트와 유사한 방법으로 버튼 몇 번만 누르면 업무가 자동화된다거나 불필요한 반복 작업을 획기적으로 해결해 준다고 하면 아마 새로운 도구 도입에 반대하거나 이의를 제기하는 사람이 거의 없을 것입니다. 내부에서 새로운 도구 도입에 반대하는 이유는 보통 바쁜 시간을 쪼개서 새로운 도구를 배우면 그만큼 일이 더 많아지고 제대로 도구를 익히는 동안 불편함을 겪기 때문인데요. 사용성이 좋은 도구를 도입하면 배우고 익히는 기간이 짧아지기 때문에 더욱 빠르게 기존 업무 방식보다 효율적으로 업무를 처리할 수 있습니다.

3. 통합성

여러 도구를 하나의 도구처럼 사용할 수 있는 기능이 통합성입니다. 우리가 SaaS 서비스를 이용하는 한, 도구 한 가지만 사용하기는 어렵습니다. 특히 프로젝트 관리 도구는 문서, 파일, 커뮤니케이션, 일정, 할 일 등 여러 업무와 유기적으로 연결되어 있으므로 하나로 완벽하게 모든 업무를 처리하겠다는 생각은 버리는 것이 좋습니다. 그래서 중요한 것이 바로 통합 기능입니다. 문서는 구글 문서 작성 도구, CRM은 노션, 커뮤니케이션은 슬랙, 일정 관리는 구글 캘린더와 같이 도구를 분리해서 사용함으로써 각 도구로 업무 자산이 흩어져 있더라도 통합성이 좋은 프로젝트 관리 도구를 사용함으로써 한곳으로 모을 수 있으며, 업무에 따라 도구를 전환하는 불필요한 시간을 줄일 수 있습니다.

해외에서 출시된 도구의 대부분은 API 기능을 이용할 수 있으므로 통합성 자체에는 큰 문제가 없습니다. 비교적 최근에 출시되었거나 국내에서 개발된 도구라면 API를 공개하지 않았을 가능성도 있으므로 통합성 측면에서 꼼꼼하게 살펴야 할 것입니다. 자피어 같은 API 도구에 등록되어 있다면 통합성 문제는 크게 고려하지 않아도 되지만, 자피어를 사용하려면 별도의 요금을 지불해야 합니다.

4. 맞춤화

우리 조직의 업무 방식이나 조직이 보고 싶은 데이터만 뽑아서 볼 수 있는 것을 맞춤화라고 명명하겠습니다. 업무 도구는 사용자 정의를 제한할수록 사용법이 쉬워집니다. 사용자 정의를 제한한다는 것은 '반드시 이렇게 사용하세요'와 같은 것인데, 프로젝트 관리 도구에 사용자 정의를 제한하면 조직의 업무 방식과 맞지 않아서 도구에 맞게 업무 방식을 바꿔야 할지도 모릅니다. 예를 들면 우리 조직의 업무 프로세스는 7단계로 이루어져 있는데, 선택한 도구에서는 최대 5단계까지만 설정할 수 있다면 도구에 맞춰 업무 프로세스를 변경하거나 도구 자체를 변경해야 할 것입니다. 자유도가 너무 크면 학습이 어려워진다는 단점이 있으니, 자유도와 학습의 난이도 등을 고려하여 조직에서 적당한 맞춤화가 가능한지 확인해야 합니다.

5. 사례

조직에서 새 도구를 도입할 때 빈번하게 물어보고 열심히 찾아보는 것 중 하나가 사례입니다. 해당 도구와 관련된 다양한 사례를 살펴봐야 우리 조직에 도입해서 어떻게 활용할 수 있을지 좀 더 구체적으로 가늠해 볼 수 있으며, 사례가 많은 도구일수록 여러 용도로 쓸 수 있으므로 상대적으로 비용을 아낄 수 있습니다. 보편성이 좋다면 충분히 많은 사례를 쉽게 찾을 것 같지만, 프로젝트 관리 도구 대부분에는 내부 자료를 담고 있기 때문에 생각만큼 다양한 사례를 찾기 어려울 수도 있습니다. 따라서 사설 교육이나 컨설팅 시장이 활성화되어 있는 도구를 중심으로 살펴본다면 어느 정도 예측 가능한 수준까지 확인할 수 있을 것입니다.

6. 비용

비용은 조직에서 무엇을 하든 빼놓을 수 없는 고려 사항일 겁니다. 조직을 운영한다면 어떻게든 비용을 줄이려고 노력할 텐데 도리어 새로운 도구를 도입하면서 고정 비용을 추가해야 한다고 하면 썩 달가운 소식은 아닐 겁니다. SaaS 서비스는 대부분 사용자에 따라 월 또는 연 단위로 비용을 지불해야 하는 구독 형태입니다.

1명당 월 사용 비용은 적게는 $5부터 시작하여 천차만별입니다. 하지만 대부분의 도구는 기능이 제한된 버전의 무료 요금제도 있으므로, 무료로 충분히 테스트한 후 도입을 검토하면 됩니다. 혹은 월 단위 요금제로 테스트를 진행한 후 확신이 생겼을 때 연 단위 요금제로 업그레이드해도 됩니다. 또한 유료 요금제가 여러 종류라면 요금제에 따라서 3~5개 정도로 기능의 차이가 있습니다. 대부분 보안이나 특정 기능이 추가되는 형태이므로 처음부터 최고 등급의 요금제를 사용하는 것보다는 필요에 따라 한 단계씩 업그레이드하는 방법을 추천합니다.

> **TIP** 유료 요금제를 사용하기로 결정했다면 준회원 또는 게스트 기능 등을 잘 활용해서 비용을 줄일 수도 있습니다. 도구에 따라 명칭은 다르지만, 외부 사용자를 초대하여 협업할 수 있는 기능이 포함되어 있으며, 조직 구성원임에도 업무에 참여하는 빈도가 낮거나, 적은 권한만으로 충분한 경우 등이라면 해당 도구의 비용을 처리할 때 제외한 후 준회원이나 게스트 권한으로 초대해서 업무를 진행하면 됩니다.

7. 모바일 지원

대부분의 SaaS 서비스 기반 도구는 모바일을 지원합니다. 즉, 스마트폰과 태블릿을 이용해 이동 중에도 진행 상황을 확인하거나 간단한 수정 작업 등을 할 수 있다는 의미입니다. 하지만 모바일 기능을 지원하더라도 모바일에서 사용이 불편하거나 제대로 작동하지 않는 등의 문제가 있을 수 있으므로, 단순히 기능 지원 여부만 확인하기보다는 실제 사용성도 꼼꼼하게 따져 봐야 합니다.

8. 고객 지원

처음 도입하는 도구라면 고객 지원도 무시할 수 없습니다. 대부분의 도구 개발사에서는 고객 지원 서비스를 제공하므로, 어떤 지원을 해 주는지 잘 파악해야 합니다. 한국어로 문의를 해도 되는지, 유선 지원이 되는지, 혹은 이메일만 사용해야 하는지, 원격이나 화상 회의 지원도 가능한지 등을 확인해 보세요. 특히 조직에서 영어에 능통한 구성원이 있다면 큰 문제 없겠지만, 그렇지 않다면 한국어 응대가 가능한 서비스로 선택하는 것이 좋을 겁니다.

고객 지원을 한국어를 받을 수 없다면 다른 옵션이 있습니다. 보편성과 마찬가지로 관련 커뮤니티가 활성화되어 확인해 봅니다. 커뮤니티가 활성화되어 있다면 어려운 점이나 문제가 생겼을 때 물어볼 곳이 있는 셈입니다. 또 다른 옵션은 해당 제품을 적극적으로 알리는 전문가에게 문의하는 방법입니다. 해외 서비스는 한국어로 고객 지원을 제공하지 않거나, 자주 묻는 질문 정도만 제공하곤 합니다. 따라서 국내에 해당 서비스를 알리는 앰배서더나 컨설턴트, 어시스턴트, 챔피언 같은 전문가를 찾아 의뢰할 수 있습니다. 이러한 전문가들에게 정식으로 문의하면 전문 지식을 활용해 여러분이 겪고 있는 문제를 해결해 줄 수 있을 것입니다.

9. 보고 및 분석

프로젝트 관리 도구라면 프로젝트가 어떻게 진행되고 있는지 진척도를 볼 수 있어야 합니다. 그러므로 대시보드, 애널리틱스 등 다양한 명칭으로 부르는 보고 및 분석 기능을 사용할 수 있는지 확인해야 합니다.

프로젝트가 얼마나 진행되었는지, 혹은 얼마나 남았는지 한눈에 볼 수 있어야 하며, 구성원 중 누가 얼마나 업무를 처리했는지 확인하고 필요하다면 업무를 재분배할 때도 보고 및 분석 기능이 활용될 것입니다. 어떤 도구는 사용자별 도구를 얼마나 잘 활용하는지, 자주 사용하는지 등의 사용자 분석 데이터도 제공합니다. 사용자 분석 데이터의 경우 반드시 필요한 수준은 아니므로, 언젠가 살펴볼 상황이 생길 수 있다 정도로만 파악하면 됩니다.

10. 보안

마지막 고려 항목은 보안입니다. 최근 출시되거나 눈에 띄는 서비스 대부분은 클라우드 시스템을 이용한 서비스이므로 보안에 대해 우려하는 분이 많습니다. 사내에 있는 서버나 로컬 PC의 문서와 파일이라면 업무 자산이 우리 조직 내에 있는 것처럼 안심이 되지만(실제로는 더 위험하지만), 클라우드를 이용하면서 업무 자산이 다른 곳에 있는 것처럼 느껴지기 때문입니다. 그러나 앞에서도 언급했듯이 보안 차원에서는 클라우드가 더욱 안전합니다. 로컬 PC에 있는 자료가 여러분의 집에 보관 중인 현금이라면, 클라우드에 있는 자료는 은행에 맡겨 둔 돈이라고 할 수 있습니다. 집에 보관 중이라면 가족 구성원 중 누군가가 매번 주의를 기울이고 꼼꼼하게 잠금 장치를 하지만, 은행에서는 보안 전문 업체가 항상 CCTV 등을 이용해 모니터링하고 있으므로 더욱 안전하다고 볼 수 있죠. 극단적인 예를 들어 보겠습니다. 전문 해커가 여러분의 사무실에 있는 PC를 해킹하는 것이 쉬울까요? 아니면 AWS(아마존 웹 서비스)라는 세계 최대 클라우드 회사를 해킹하는 것이 쉬울까요? 따라서 보안에 관한 걱정은 접어 두어도 좋습니다.

세일즈를 위한 고객 문의부터 계약까지

B2B 컨설팅 회사를 운영하며 꽤 시간이 많이 들었던 업무 중 하나가 고객 문의부터 계약까지였습니다. 사람을 상대하는 일이다 보니 질문이나 문의 내용이 다양해서 어딘가에 맡길 수도 없고, 시간을 내서 하나하나 답변을 해야 했죠. 하루에도 여러 문의가 들어오거나, 같은 조직인데 서로 다른 부서에서 요청이 오는 상황에는 어느 부서인지 헷갈리기도 했습니다. 일정을 잡고자 이메일, 문자 메시지, 전화 등을 주고받으며 시간 및 장소를 정하는 것도 업무량 과부하에 일조했고, 이메일 답변에만 몇 시간을 할애하기도 했습니다.

영업은 고객 문의부터 계약까지 간단한 일처럼 생각할 수 있지만 실제로는 중간에 사람의 손을 거쳐야 하는 일이 제법 많습니다. 1인 운영이 아닌, 여러 구성원과 함께 처리해야 한다면 일이 더 많아질 겁니다. 따라서 도구를 이용한 자동화 과정이 필요합니다. 고객 문의부터 계약 과정 중에 발생할 수 있는 다양한 업무 처리를 어떻게 최대한 사람의 손을 거치지 않고 자동화할 수 있는지 살펴보겠습니다. 다음과 같은 저의 상담 사례부터 계약까지의 전체 흐름을 확인한 후 과정별로 자세히 알아보겠습니다.

1. 상담 문의 접수: 고객이 홈페이지에 방문하여 상담을 신청합니다. 전화, 이메일, 메신저, 설문 폼 등 다양한 형태로 상담 문의를 접수할 수 있습니다.
2. 접수 알림: 접수된 문의 내용이 이메일이나 메신저를 통해 구성원들에게 자동으로 알림이 갑니다.
3. 접수 내용 등록: 고객이 입력한 내용이 상담 문의용 DB에 자동으로 입력됩니다. 상담 문의용 DB는 구글 시트, 노션, 에어테이블, 허브스팟 등 다양한 서비스를 이용할 수 있습니다.
4. 접수 완료 알림: 문의가 제대로 접수되었으면 해당 고객에게도 접수 완료 알림을 발송합니다. 이메일 자동 응답, 카카오톡 채널, 채널톡 등을 이용할 수 있습니다. 접수 완료 알림을 보냄과 동시에 고객이 직접 미팅 일정을 잡을 수 있는 링크를 함께 발송합니다.
5. 미팅 일정 선택: 미팅 일정 링크를 통해 고객이 일정을 선택하면 자동으로 화상 회의 링크 생성과 함께 캘린더에 등록됩니다. 원한다면 미팅 회의록(구글 문서)을 추가할 수도 있습니다. 미팅 일정이 고객에게도 메일로 발송됩니다.
6. 미팅 기록 작성: 미팅을 진행하며 작성한 미팅 기록을 정리하고, 녹화 영상의 링크를 미팅 기록에 첨부하여 완성합니다.
7. 미팅 완료 메일 전달: 미리 저장해 둔 메일 템플릿을 이용해 미팅 기록 링크와 함께 고객에게 계약 방법, 업무 순서, 계약서 샘플, 견적서 등을 전달합니다.
8. 전자 계약 완료: 계약서 내용을 확인한 후 모두싸인을 이용해 전자 계약을 진행합니다.

📤 상담 문의 접수

홈페이지에서 상담 문의를 받을 수 있습니다. 상담 문의를 받는 방법은 전화, 이메일, 메신저, 설문 폼 등 여러 방법이 있지만 저는 설문 폼을 추천합니다.

상담 문의 접수를 받는 다양한 방법

전화 전화를 이용한 문의 접수는 전화 수신이 원활하지 않을 수 있으며 노트나 필기구, 혹은 컴퓨터 등 별도로 기록할 도구가 필요합니다. 또한 이동 중이라면 통화와 기록을 동시에 진행하기에 어려울 수도 있죠. 그 과정에서 상담에 필요한 정보들이 누락될 수도 있습니다. 바쁜 상황에 걸려 온 문의 전화는 나중에 다시 연락하기로 한 후 기억에서 잊혀질지도 모릅니다. 따라서 첫 상담 문의라면 전화를 이용한 방법은 최대한 피하는 것이 좋습니다.

이메일 여러 조직에서 상담 문의를 이메일로 받고 있습니다. 전화와 달리 확인하고 싶을 때 얼마든지 확인할 수 있고, 고객이 작성한 문의 내용이 보관된다는 장점이 있습니다. 하지만 첫 이메일을 발송하는 시점에 일정한 양식이 정해져 있지 않는다면 응대에 필요한 중요 정보가 제대로 포함되지 않은 경우가 많습니다. 결국 상담 진행을 위해 고객에게 별도로 필요한 정보를 확인해야 합니다. 이 경우 발송한 이메일이 스팸으로 처리되어 고객에게 제대로 전달되지 못하는 사례가 발생하기도 합니다.

메신저 최근에는 카카오톡 채널, 채널톡, 인터컴(Intercom)과 같은 고객 상담용 메신저가 많습니다. 한글화도 잘되어 있고, 기능도 좋아서 고객 문의를 받기에는 좋습니다. B2B보다는 B2C 회사에서 고객 응대용으로 많이 활용하고 있죠. 카카오톡 채널은 자동화 기능이 조금 부족하지만 마케팅에 아주 효과적이고, 채널톡은 자동화도 마케팅도 고객 정보 수집에도 좋습니다. 인터컴은 워크플로우 설정, 자동화, 템플릿 등 고객 응대용 메신저로는 최강이라고 할 수 있지만, 한글화를 지원하지 않고 카카오톡 채널과 연동이 되지 않는다는 단점이 있습니다. 종합적으로 고려했을 때 메신저를 이용한 고객 문의 접수는 좋습니다. 단, B2B 고객이라면 대부분 이메일을 이용하므로 자사의 고객이 어떤 방식을 선호하는지에 따라 선택하면 됩니다.

설문 폼 제가 가장 추천하는 것은 설문 폼입니다. 홈페이지에 따라 개발하는 형태가 조금 다르지만 대부분은 시중에 있는 설문 폼을 이용해 쉽게 만들 수 있습니다. 또한 고객에게 회사명, 담당자, 전화번호, 이메일, 회사 주소, 문의 내용, 고객 규모, 예산 등 다양한 정보를 물어야 할 때 정확하게 요청할 수 있습니다. 이렇게 수집된 정보는 연결된 스프레드시트에 차곡차곡 정리해 둘 수 있습니다. 설문 폼을 잘 활용하면 섹션을 구분하여 답변에 따라 서로 다른 질문을 할 수도 있습니다. 무엇보다 자동화 기능이 가능합니다.

이러한 설문 폼은 HTML을 이용해 홈페이지 자체에 구축할 수도 있고, 전문 설문 폼 서비스를 이용할 수도 있습니다. 구글의 설문지, 타입폼(Typeform), 탈리(Tally.so) 등 다양한 설문 서비스가 있습니다. 대부분의 설문 서비스는 무료 요금제를 제공하므로 홈페이지에 적합한 서비스를 선택하면 됩니다.

설문 서비스 선택하기

가장 일반적인 설문 서비스는 구글 폼입니다. 무료, 자동화 등 응답 자동화를 위한 다양한 기능을 제공하기 때문입니다. 하지만 설문 서비스의 최강자를 꼽으라면 타입폼입니다. 설문 기능을 중점적으로 구현한 제품이며 외부 서비스 연결, 디자인, 템플릿 등 다양한 기능을 제공합니다. 실제로 해외의 많은 기업에서 타입폼을 사용하고 있습니다. 하지만 한글화를 지원하지 않고, 한글 입력 시 잦은 오류로 국내에서는 다소 불편한 점이 있습니다. 가격 또한 상당히 높은 편에 속하죠.

마지막으로 제가 사용하고 있는 서비스 탈리를 소개합니다. 무료로도 충분히 사용할 수 있으며, 노션과 같은 형태로 설문을 제작할 수 있기 때문에 제작에 간편하며, 구글 시트, 노션, 에어테이블(Airtable) 등 다양한 도구와 무료로 연동할 수 있습니다. 또한 HTML/CSS를 조금 다룰 줄 안다면 설문을 입력하기 위해 홈페이지 외부로 보내지 않고 팝업 형태로 띄울 수도 있습니다.

▲ 저자의 홈페이지에서 팝업 형태로 사용 중인 탈리 설문 폼

📤 접수 알림 받기

고객이 설문을 제출하면 설문 내용과 함께 알림을 받을 수 있다면 편리하겠죠? 설문이 제출될 때마다 자주 사용하는 메신저나 이메일로 알림을 받는다면 고객 문의를 실시간으로 파악할 수 있을 것입니다. 휴일이나 주말 등에는 앱의 알림을 잠시 꺼서 알림을 받지 않도록 설정할 수도 있고요.

일반적으로 많이 쓰는 구글 폼에서 이메일 응답을 받을 때에는 다음과 같이 구글 폼의 [응답] 탭에서 오른쪽 위에 있는 […]을 누른 후 [새로운 응답에 대한 이메일 알림 받기]를 선택하면 됩니다.

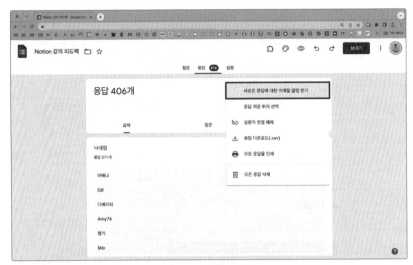

▲ 구글 폼 응답을 이메일 알림으로 받기 설정

단, 구글 폼의 이메일 알림은 다음과 같이 응답 내용까지 바로 표시되지는 않습니다. 이메일에서 [응답 보기] 버튼을 누르고 잠시 로딩 과정을 거쳐야 하기 때문에 다소 불편할 수 있습니다. 이런 불편함 때문에 제가 선택한 것이 탈리입니다. 탈리는 구글 폼이 제출되면 이메일로 응답을 받을 수 있으며, 응답 내용까지 이메일에서 바로 확인할 수 있습니다.

▲ 구글 폼의 이메일 알림

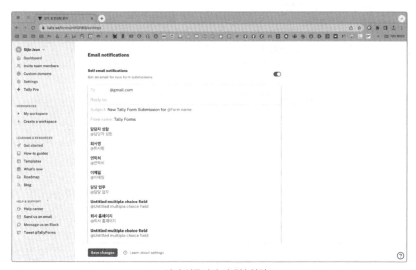

▲ 탈리 설문지의 이메일 알림

또한 이메일 알림이 불편하거나, 응답을 여러 구성원과 함께 확인해야 한다면 슬랙의 채널에 연결하여, 채널에 입장해 있는 모든 구성원이 응답의 알림을 받을 수 있습니다. 응답 시트 또한 탈리의 자체 응답 시트가 있지만, 구글 시트나 노션, 에어테이블 등에 연결하여 응답 내용을 정리해 둘 수 있습니다.

▲ 탈리에서 연동할 수 있는 다양한 협업 도구

📤 등록된 접수 정리하기

상담 문의가 접수되면 접수된 내용을 정리해야 합니다. 저는 구글 시트와 노션을 동시에 사용합니다. 구글 시트는 비용이나 데이터에 대한 부담이 없기 때문에 데이터 보관을 위해 저장해 두었고, 본격적으로 업무에 활용하기 위해 노션을 연결해 두었죠. 그러므로 탈리 설문지 응답이 접수되면 지정한 노션 데이터베이스에 입력됩니다. 업무 관리를 노션으로 하고 있으므로 지정한 형태에 맞게 노션 데이터베이스에 입력되니 업무 관리가 훨씬 수월해집니다.

다음은 실제 제가 사용 중인 문의 등록 노션 템플릿입니다. 다음과 같이 자동으로 '신청' 상태로 문의 내용이 작성되며 신청일, 요청 업무, 담당자, 연락처, 전화번호 등 설문으로 접수한 데이터가 포함됩니다. 또한 해당 업무와 관련된 할 일 목록도 생성하여 해당 업무를 처리한 히스토리를 기록할 수 있죠. 팀원들과 함께 데이터베이스를 공유하고 있다면 언제 어떤 고객에게 문의를 받았는지, 어떤 히스토리를 가지고 있었는지 손쉽게 공유하고 파악할 수 있습니다. 입력한 할 일에 따라 진행률 그래프도 자동으로 표시되어 현재 업무가 얼마나 진행됐는지도 파악할 수 있습니다.

📤 정상 접수 완료 알림 보내기

상담 문의를 받았다면 문의한 고객에게 자동으로 이메일 답변을 보낼 수 있습니다. 설문 내용이나 업무 방식에 따라 고객과의 미팅이 필요하거나 추가로 전달해야 할 내용이 있다면 이메일 응답을 자동화해 보세요. 여러 번 주고받아야 할 이메일을 한 통이라도 줄여서 빠르게 일정을 잡을 수 있습니다. 예를 들어 아래와 같은 이메일을 자동 응답으로 설정해 둘 수 있습니다.

안녕하세요.
조직의 업무 방식을 개선해 주는 협업 도구 컨설턴트 전시진입니다.
=====

컨설팅을 요청해 주셔서 감사합니다.

1. 미팅 일정
원활한 커뮤니케이션을 위해 화상 회의 또는 오프라인 미팅이 필요하시다면 이 링크(https://booking.akiflow.com/example)에 접속해 일정을 선택해 주시기 바랍니다.

- 미팅의 목적과 내용을 Notes에 남겨 주시면 더욱 효과적인 미팅을 진행할 수 있습니다!
- 기본 미팅 시간은 1시간입니다. 더 많은 시간을 원하시면 Notes에 남겨 주세요!
- 오프라인 미팅은 링크 내 Notes에 주소를 남겨 주세요. 해당 장소로 찾아 뵙겠습니다.

2. 컨설팅 관련 자료
제가 지금까지 진행했던 컨설팅 사례를 더 보고 싶으시면 아래 링크를 참고해 주시기 바랍니다.
- https://www.sireal.co/consult

3. 추가 자료
추가로 저에 대해 더 궁금하신 점이 있다면 아래 링크들이 도움이 될 수 있습니다.

- Instagram https://www.instagram.com/sireal.co/
- YouTube https://www.youtube.com/@sirealco

더 궁금하신 점은 이메일로 답변 부탁드립니다.
=====

어제보다 오늘 더 생산적이고 행복한 하루 보내시기 바랍니다.
감사합니다.

– 전시진 드림.

자동으로 문의 접수 알림을 보낼 수 있는 대표적인 방법은 다음과 같습니다.

이메일 템플릿

저는 강의나 컨설팅 문의 시 작성하는 설문에 업무 진행에 필요한 거의 모든 내용을 포함시키므로 별도로 이메일 템플릿 기능을 이용한 접수 알림을 보내지는 않습니다. 다만 반복해서 보낼 일이 있는 메시지를 이메일 템플릿으로 작성해 놓고, 이후 필요에 따라 내용을 추가하여 사용합니다. 자동 응답을 사용하지 않으므로 매번 수동으로 보내고, 답변 시간이 늦어질 수 있는 단점이 있지만 이메일 커뮤니케이션 횟수를 최대한 줄일 수 있습니다.

구글 폼

구글 폼에서 자동 응답을 설정하려면 구글 폼에 부가기능을 설치해야 합니다. 구글 폼 페이지에서 오른쪽 위에 있는 […] 버튼을 누르고 [부가기능 설치하기]를 선택하면 됩니다. 설치할 수 있는 부가기능 목록 중 제가 추천하는 것은 [Form Notifications]입니다. 구글에서 만든 자동 응답 기능이며 무료로 사용할 수 있습니다.

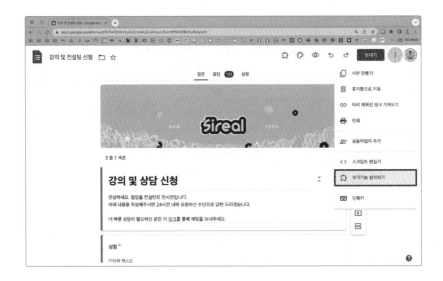

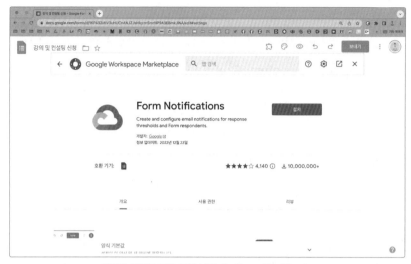

▲ 구글에서 만든 자동 응답 부가기능 Form Notifications

설치한 부가기능을 사용할 때는 다음과 같이 설문지 상단에 표시된 퍼즐 모양 아이콘을 눌러서 실행합니다. Form Notifications을 실행한 후 다음 그림을 참고해서 설정하고, 스크롤을 내려 아래쪽에 있는 [Save configuration]을 누르면 자동 응답을 발송할 수 있습니다. 세부 옵션은 다음과 같습니다.

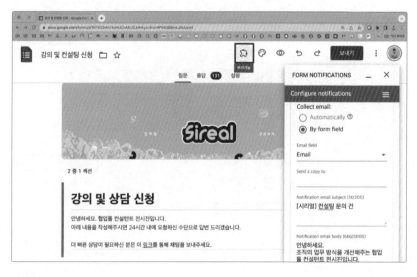

- **Automatically:** 구글 폼의 설정에 따라 설문을 제출할 때 구글 계정으로 로그인을 해야 설문을 제출할 수 있습니다. 로그인을 한 뒤 설문을 제출하면 구글 폼에 이메일 주소가 수집되는데, [Automatically]를 선택하면 그때 수집된 이메일로 자동 응답을 보냅니다. 많은 사람이 구글 계정을 사용하지만, 그렇지 않은 사람도 있으므로, 설문(상담 문의) 작성 시 로그인을 강제하는 것은 추천하지 않습니다.
- **By form field:** 구글 폼의 질문 중에 이메일 주소를 요청하는 필드가 있다면 이 옵션을 선택합니다. 구글 로그인을 강요하지 않거나 문의 시 사용한 이메일 주소와 응답을 받고 싶은 이메일 주소가 다를 수도 있으므로 [By form field] 옵션을 사용하는 것이 좋습니다.
- **Email field:** [By form field]를 선택하면 나타나는 옵션으로, 질문 중 이메일 주소를 수집하는 필드를 선택하면 됩니다.
- **Send a copy to:** 사본을 보낼 이메일 주소를 입력합니다. 쉼표(,)로 이메일 주소를 구분하여 응답 사본을 보낼 수 있습니다.
- **Notification email subject(14/200):** 자동 응답 이메일의 제목입니다. 200자까지 작성할 수 있습니다.
- **Notification email body(666/5000):** 자동 응답 이메일의 본문입니다. 5,000자까지 작성할 수 있습니다.

탈리

안타깝게도 탈리에서 이메일 자동 응답 기능을 사용하려면 유료 요금제를 사용해야 합니다. 월간 결제 시 한 달에 $29의 비용이 듭니다. 타입폼에 비하면 저렴하지만 조금 부담되는 금액일 수 있습니다. 참고로 탈리 유료 요금제에서는 'Tally' 로고를 제거할 수 있고, 팀원들과 설문을 공유할 수 있습니다. 워크스페이스별로 액세스 권한을 다르게 설정할 수 있고, 자사 도메인을 이용해 설문을 생성할 수 있습니다. Custom CSS를 이용해 홈페이지처럼 만들 수도 있으며, 첨부 파일을 업로드할 때 10MB 제한이 없어집니다.

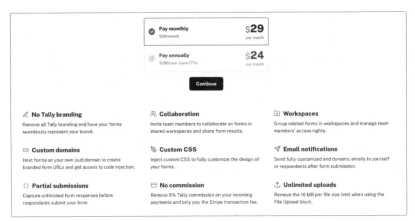

▲ 탈리 유료 요금제에 따른 변화

저는 탈리의 자동 응답 기능을 과감하게 포기하고 무료 요금제로 사용합니다. 자동 응답 기능보다는 노션의 데이터베이스로 응답 내용이 자동으로 등록되는 것이 더 중요하기 때문입니다. 그렇다고 탈리 무료 요금제를 사용하면서 접수 완료 알림을 보내지 않는 것은 아닙니다. 자동 응답은 자피어를 이용하면 됩니다.

저는 강의를 진행하면 탈리로 후기를 받습니다. 후기를 제출해 준 수강생들에게는 자피어를 이용해 탈리와 지메일을 연결해서 자동 응답을 발송합니다. 다음과 같이 탈리 설문에 응답이 제출되면 이메일을 발송할 수 있게 설정해 두면 됩니다. 자피어는 한 달에 100개까지 무료로 응답을 이용할 수 있기 때문에 여러분 조직에서 한 달 평균 응답 횟수를 가늠해 보고 100개로 충분하다면 자피어를 이용해 보면 좋겠습니다.

▲ 자피어에서 자동화해 놓은 자동 응답 워크플로

🔗 미링 일정 선택하기

미팅 일정을 잡으려면 고려할 것들이 참 많습니다. 비어 있는 시간은 물론, 앞뒤 일정이 오프라인 미팅이라면 이동 시간도 고려해야 하죠. 미팅에 동료들과 함께 참석한다면 고려할 사항은 더 많아질 것입니다. 그래서 보통 일정을 정할 때에는 가능한 일정을 아래와 같이 전달하고 그중에서 선택하게 합니다.

〈 6월 중 최근 7일 이내 미팅 가능 일정 〉
· 6/16(목) 16:00–18:00
· 6/17(금) 13:00–17:00
· 6/22(수) 15:00–18:00
· 6/23(목) 14:00–18:00

그런데 위와 같이 여러 개의 선택지를 보냈음에도 상대방과 조율이 되지 않는다면 미팅 가능한 일정을 모두 전달해야 합니다. 그렇다면 가능한 일정을 모두 일일이 작성해야 할까요?

아닙니다. 캘린더에 작성된 일정을 고려해 미팅 가능 일정을 선택할 수 있는 서비스를 이용하면 됩니다. 예를 들어 아키플로우(Akiflow)의 미팅 일정 선택 기능을 이용하면 링크를 전달하여 상대방이 클릭하면 아래와 같은 웹 화면이 열리고, 여기서 원하는 일정을 선택하면 됩니다.

▲ 아키플로우의 미팅 일정 선택 기능

화상 회의를 진행한다면 구글 미트나 줌 계정을 연동해 두고, 오프라인 미팅을 진행한다면 메모 기능 등을 이용해 미팅할 장소를 입력해 달라고 하면 됩니다.

구글 캘린더

구글 캘린더에도 미팅 일정을 선택할 수 있는 기능이 있습니다.

약속 일정이라는 기능으로 구글 캘린더에서 왼쪽 위에 있는 [만들기] 버튼을 누른 후 [약속 일정]을 선택하면 됩니다. 약속 일정 기능을 실행한 후 옵션을 설정하면 원하는 시간에 약속 일정을 잡는 링크를 생성할 수 있습니다.

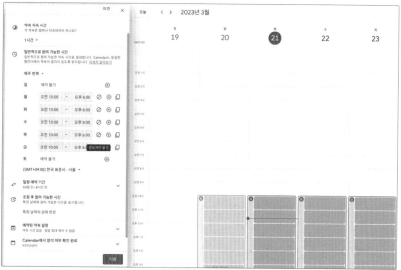

- **약속 지속 시간:** 한 번 일정을 잡을 때 미팅 시간을 지정합니다. 15분, 30분, 45분, 1시간, 1.5시간, 2시간이 있으며 맞춤형으로도 설정할 수 있습니다.

- **일반적으로 참여 가능한 시간:** 평소에 항상 열어 놓을 미팅 시간을 설정합니다. 근무 시간에 맞게 설정할 수도 있고, 자신의 업무 루틴에 맞게 미팅은 오후에만 한다면 오후 시간에만 설정해 둘 수 있습니다.

- **일정 예약 기간:** 일정을 며칠 이내에 잡아야 하는지, 최대 며칠까지 일정을 예약할 수 있는지, 약속 시간 몇 시간 전에 일정을 잡을 수 있는지 설정할 수 있습니다.

- **조정 후 참여 가능한 시간**: 특정 날짜의 일정 선택을 막을 수 있습니다.
- **예약된 약속 설정**: 일정과 일정 사이 여유 시간을 넣거나, 하루에 최대로 설정할 수 있는 약속 시간을 제한할 수 있습니다.
- **Calendar에서 참석 여부 확인 완료**: 등록된 캘린더 중 어떤 캘린더의 일정들과 함께 고려할지 선택할 수 있습니다.

Cal.com

일정을 선택할 수 있는 대표적인 도구는 Cal.com입니다. 도메인부터 캘린더에 대한 전문성이 물씬 느껴지죠? 구글 캘린더, 아웃룩과 연동되며 각종 화상 회의, 자동화도 가능합니다. 개인 사용자는 무료입니다. 해외 서비스이며 한글화가 지원되지 않지만, 일단 한 번 설정해 놓으면 Cal.com으로 생성한 일정 선택 링크를 받는 사람은 어려움 없이 원하는 일정을 선택할 수 있습니다.

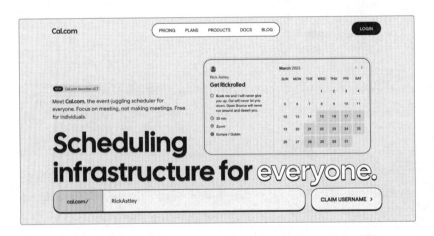

되는시간

한글화를 지원하지 않는 Cal.com이 조금 부담스럽다면 국내 서비스인 되는 시간(https://whattime.co.kr/)을 추천합니다. 자동화(개발 예정)와 CRM 도구(세일즈포스는 연결 가능)를 제외한 미팅 일정 조율 서비스를 이용할 수 있습니다. 특히 한국 서비스에 적절하게 일정 알림 서비스가 이메일은 물론, 문자와 카카오톡 채널을 연동해 알림톡으로도 보낼 수 있습니다.

아키플로우

개인이 일정과 할 일을 동시에 관리하고 싶다면 아키플로우(Akiflow)를 추천합니다. 구글 캘린더와 연동은 물론, 타임 블록을 이용해 중요한 할 일을 진행하는 동안 캘린더에 일정 선택을 막아 두어 다른 일정을 선택할 수 없게 만들 수도 있습니다. 이렇게 선택된 일정은 미팅 일정 선택에도 반영되어 일정을 포함해 나에게 중요한 할 일 시간까지 제외한 가능 일정을 보여 줍니다. 또한, 노션 데이터베이스와 연동이 가능하기 때문에 아키플로우+노션의 조합으로 프로젝트와 할 일, 일정 관리를 동시에 관리할 수 있습니다.

📤 미팅 진행부터 미팅 완료까지

미팅 일정까지 준비되었다면 이제 실제 미팅을 진행하고, 미팅 기록을 작성한 후 미팅 완료 이메일을 전달하는 과정을 거칩니다.

미팅 진행

오프라인 미팅이라면 해당 장소로 가서 미팅을 진행하면 됩니다. 온라인 미팅이라면 일정 조율 서비스에 화상 회의 서비스를 연결해 두었을 것이고, 해당 링크를 통해 구글 미트나 줌에 접속하여 회의를 진행하면 됩니다.

구글 미트나 줌에는 녹화 기능이 있고, 요금제에 따라 클라우드 서버에 녹화 파일을 저장할 수 있으니 이후 녹화 파일 링크를 미팅 기록에 첨부할 수도 있습니다. 또한 일정이 구글 캘린더에 등록되어 있다면 캘린더에서 바로 [회의록 작성]을 눌러 구글 문서로 회의록을 작성하면 됩니다.

▲ 구글 캘린더의 일정에 있는 회의록 생성 링크

미팅 기록 작성

미팅을 진행하는 중에도 실시간으로 미팅 기록을 작성할 수 있지만, 요즘에는 챗GPT를 활용한 업무 효율화가 주목을 받고 있습니다. 녹화한 화상 회의 파일을 텍스트로 변환한 다음 텍스트를 챗GPT에 넣고 미팅 기록 요약 및 액션 아이템으로 전환해 달라고 하면 작성한 미팅 기록 외에 더 많은 내용을 저장할 수 있습니다.

만약 구글 문서나 노션에 미팅 기록을 작성한다면 미리 템플릿을 만들어 두고 사용할 수도 있습니다. 구글 문서에서 새로운 문서를 생성할 때 템플릿 갤러리를 활용하는 것도 좋습니다. 구글에서 제공하는 멋진 회의록을 활용할 수 있습니다.

미팅 완료 이메일 전달

미팅이 완료되었다면 작성한 미팅 기록과 함께 고객에게 이메일을 보냅니다. 미팅 완료 이메일은 고객이나 미팅에 따라 차이가 있으므로 자동 응답 기능을 사용하기에 무리가 있습니다. 그러므로 이메일 템플릿을 활용해 보내는 걸 추천합니다. 반복되는 내용만 미리 작성해 두고 고객에 관련된 정보나 간단한 미팅 내용 및 미팅 기록 링크 정도만 변경해서 보내는 방식입니다.

[시리얼 컨설팅] 업무 방식 개선을 위한 컨설팅 진행 건

안녕하세요.
조직의 업무 방식을 개선해주는 협업툴 컨설턴트 전시진입니다.

=====

1. 미팅 내용 요약
금일 진행했던 미팅의 주요 내용은 아래와 같습니다.

   1. 현재 업무 방식 파악
   2. 컨설팅 절차 소개
   3. 업무 워크플로우 분석
   4. 노션 페이지 구조 설계

2. 미팅록
미팅 중 말씀드렸던 내용과 함께 나눈 이야기는 아래 미팅록에 첨부해두었으니, 자세한 내용은 아래 문서를 참고해주시기 바랍니다.

📄 회의록

3. 계약서 샘플
미팅 중에 말씀드렸던 계약서 샘플을 전달드립니다. 내용을 확인해주신 후, 수정 사항이 있으시면 말씀 부탁드립니다.

📄 [표준계약서] 시리얼 컨설팅

4. 참고 자료
기타 컨설팅에 참고하실 만한 사례들을 전달드립니다. 아래 링크를 확인해주시기 바랍니다.

   • 시리얼 컨설팅 사례

5. 요청 사항 (~3/30)

   • 컨설팅 진행 여부
   • 표준계약서 수정 사항

=====

어제보다 오늘 더 생산적이고 행복한 하루 보내시기 바랍니다.

감사합니다.
- 전시진 드림.

▲ 저자가 보낸 미팅 완료 이메일 샘플

📤 전자 계약 및 고객 지원

미팅이 끝난 후 고객이 최종 계약을 원하면 전자 계약 서비스를 이용해 전자 계약서를 발송하면 됩니다.

▲ 국내 1위 전자 계약 서비스, 모두싸인

계약이 끝나면 이후에는 계약의 이행과 함께 고객 지원 서비스에 부족함이 없도록 준비해야 합니다.

고객 지원

고객 지원 서비스 중 실시간 상담을 원하는 고객이 많을 때 전화를 이용한 상담은 업무를 마비시킬 수 있습니다. 그러므로 실시간 대화가 가능한 메신저 이용을 추천합니다. 단, 카카오톡과 같은 개인용 메신저보다는 고객 상담 전용 메신저를 이용하는 것이 좋습니다. 젠데스크(Zendesk), 인터컴 (Intercom), 채널톡, 해피톡 등 다양한 고객 상담용 메신저가 있습니다. 도구마다 장단점이 있지만 공통적인 장점은 메시지 템플릿, 고객 데이터 수집, 메시지 자동화, 이메일 및 메신저 마케팅 등입니다.

젠데스크와 인터컴은 글로벌 서비스로 이메일 마케팅에 최적화되어 있습니다. 이메일 자동화, 라이프타임 사이클 등 다양한 마케팅 기능을 제공하죠. 반면 국내 서비스인 채널톡은 국내 시장에 최적화되어 있습니다. 카카오톡 채널, 인스타그램, 네이버 톡톡, 라인과 메신저 연동을 할 수 있으므로 서로 다른 메신저를 채널톡 한곳에서 관리할 수 있으며, 전화, 문자, 이메일도 연동이 됩니다. 채널톡에서 제공해 주는 전화번호를 이용해 전화를 받으면 해당 전화번호를 기존 고객사와 연결하여 더욱 편리하게 고객을 관리할 수도 있습니다.

▲ 대표적인 고객 상담용 메신저, 채널톡(https://channel.io/ko)

채널톡의 기능은 전반적으로 모두 우수하지만 제가 가장 잘 이용하는 기능은 서포트봇 기능입니다. 상담 문의를 자동화하는 기능으로, 자주 묻는 질문에 대해 미리 답변을 생성할 수 있습니다. 여러분이 직접 답변하지 않아도 되는 간단한 질문들은 채널톡의 자동화 기능을 이용하면 편리합니다. 또한 연령대나 산업에 따라 메신저보다는 전화를 더 많이 사용해야 한다면 채널톡의 미트(전화) 기능을 사용할 수도 있습니다.

▲ 채널톡의 서포트봇 기능   ▲ 채널톡에서 제공하는 인터넷 전화 기능

채널톡의 미트는 인터넷 전화 기능으로, 일반 전화를 사용할 때 불편했던 점 대부분을 해결해 줍니다. 예를 들어 채널톡의 미트 기능으로 전화를 하면 채널톡에 등록되어 있는 고객 정보와 매칭되고, 해당 목록에 통화 내용이 녹음됩니다. 음성을 텍스트로 변환하여 통화 내용을 자동으로 기록도 할 수 있습니다. 여러 고객을 상대할수록 상담 내용이 헷갈리기 쉬우나 채널톡에서는 고객 목록과 통화 내용이 자동으로 매칭되어 기록되므로 지난 상담 내용을 찾아볼 수 있어 더 편리한 상담이 가능해집니다.

▲ 채널톡의 미트 기능에서 텍스트로 변환된 통화 내역

또한 동료에게 고객에 대한 정보나 상담 내용 등을 공유할 때도 통화 녹음과 기록을 링크 한 번으로 손쉽게 공유할 수 있습니다. 상담자가 기록한 고객에 대한 메모도 모두 함께 말이죠.

개인 사업자나 1인 기업은 보통 본인의 휴대폰 번호를 상담용으로 쓰다 보니 개인사와 업무에 혼동이 발생합니다. 하지만 이 역시 채널톡의 미트를 이용하면 별도의 인터넷 전화번호가 생성되므로 개인용 전화번호 노출을 피할 수 있습니다. 또한 사용하던 공식 전화번호를 채널톡 번호로 착신 전환할 수도 있으므로 공식 전화번호를 변경하지 않아도 이용할 수 있습니다. 관련된 자세한 정보는 채널톡 미트 홈페이지(https://channel.io/ko/meet/call)를 확인해 보세요.

마케터의 콘텐츠 제작과 협업을 위한 도구

제품이나 서비스를 외부에 널리 소개하는 마케터는 어떤 조직에서든 필요한 구성원입니다. 아무리 좋은 제품을 만들어도 소비자가 제품의 존재를 모른다면 판매가 잘 이뤄지지 않을 테니까요.

마케터는 콘텐츠 마케터, 퍼포먼스 마케터, 이벤트 마케터, 브랜드 마케터, 오프라인 마케터 등 업무에 따라 다양하게 구분할 수 있습니다. 세부적인 업무의 차이는 있지만 마케터가 제작하는 콘텐츠는 대부분 글, 이미지, 영상으로 이루어집니다. 이런 콘텐츠는 마케터가 직접 생성하거나 외주로 제작하기도 하죠. 다만 외주의 도움을 받더라도 글, 이미지, 영상에 대해 기본 지식은 있어야 수월한 업무가 가능합니다. 어떤 방법이든 콘텐츠가 완성되었다면 마케터의 다음 업무는 무엇일까요? 바로 배포입니다.

소비자나 잠재 고객이 볼 수 있는 환경에 제품을 노출시켜야 하죠. 상황에 따라 공개, 업로드, 포스팅 등으로 불리며 같은 콘텐츠라도 언제 어떤 시기에 노출시키느냐에 따라서 반응이 달라지기 때문에 중요한 업무 중 하나입니다. 벚꽃이 이미 다 지난 올해 여름에 내년 벚꽃 시즌 개화 시기를 소개한다면 콘텐츠가 인기를 끌 수 있을까요? 이미 입학한 신입생들에게 수능 끝난 고3 혜택 콘텐츠를 올린다면요? 콘텐츠 주제에 따라 점심에 올리면 반응이 좋은 콘텐츠가 있는가 하면, 저녁 시간 즈음에 올려야 반응이 좋은 콘텐츠가 있습니다. 이처럼 콘텐츠 배포 일정을 관리하는 일은 아주 중요합니다.

여기서는 마케터의 주요 업무인 글, 이미지, 영상 콘텐츠를 관리할 때 협업할 수 있는 도구와 협업은 아니지만 제작에 도움이 될 만한 도구, 일정을 관리할 때 도움이 되는 도구에 대해 소개합니다.

글쓰기에 도움이 되는 도구

콘텐츠 제작이나 제품 홍보 등을 위한 글쓰기는 자료 수집, 목차 생성, 내용 작성의 3단계를 거칩니다. 자료 수집은 글을 쓰기 위해 글감을 수집하는 단계이며, 목차 작성을 통해 글의 뼈대를 잡습니다. 그리고 뼈대에 살을 붙이며 내용을 작성하죠. 실제 글을 쓸 때는 앞서 소개한 구글 문서나 노션 등 문서 작성 도구를 이용하면 됩니다. 여기서는 글을 쓰기 위한 자료 수집 및 목차 작성에 유용한 도구를 소개합니다.

노션

노션은 이미 여러 차례 언급해서 더 이상 설명이 필요 없을 정도일 겁니다. 그만큼 다방면으로 사용되는 도구라고 할 수 있습니다. 노션은 문서를 만들기도 하지만 데이터베이스 기능으로 데이터를 관리할 수도 있죠. 그래서 글쓰기에서는 자료를 수집하는 단계에서부터 유용하게 사용됩니다. 노션의 데이터베이스 기능으로 글쓰기 자료를 정리하면 수집 및 열람이 편리해집니다. 이때 노션에서 제공하는 확장 프로그램인 Notion Web Clipper나 노션 사용자가 만든 Save to Notion을 사용하면 무척 효과적입니다.

Notion Web Clipper 노션에서 제공하는 확장 프로그램으로 크롬에서 설치한 후 버튼 클릭 몇 번으로 지정한 노션 데이터베이스에 웹사이트 자료를 수집할 수 있습니다. 모바일이나 태블릿에서 노션을 사용 중이라면 별도의 확장 프로그램이 없어도 공유하기 버튼을 이용해 데이터베이스에 자료를 보관할 수 있습니다.

▲ https://www.notion.so/ko-kr/web-clipper

Save to Notion 노션 사용자가 만든 확장 프로그램으로, 노션에서 공식 지원하는 확장 프로그램은 아닙니다. 원하는 노션 데이터베이스에 데이터를 수집하는 기능은 동일하며, 추가로 속성과 속성값을 선택해서 넣을 수도 있습니다. 예를 들어 수집한 데이터에 키워드를 포함하기, 대표 이미지 추가하기, 관계형 데이터 입력하기 등도 할 수 있습니다. 또한 하이라이트 기능이 있어서 웹사이트를 Save to Notion으로 수집한 다음 웹사이트에서 텍스트를 선택한 뒤에 마우스 우클릭 후 Save to Notion의 하이라이트를 선택하면 해당 텍스트만 하이라이트되어 노션의 데이터베이스 내 문서에서 따로 글머리 기호로 표시됩니다. 즉, 데이터를 단순히 수집만 하는 것이 아니라 주요 문장이나 키워드는 별도로 저장하고, 수집한 데이터를 분류할 수 있습니다.

▲ https://www.savetonotion.so/

에버노트

대표적인 자료 관리 도구인 에버노트의 웹 클리퍼는 정말 강력합니다. 사이트와 링크, 내용 정도를 수집하는 Notion Web Clipper와 달리 에버노트는 원하는 부분만 이미지를 캡처하거나 전체 웹사이트를 캡처해서 넣을 수 있고, 선택한 텍스트만 넣을 수도 있습니다. 또한 수집한 데이터에 주석을 추가하여 의견을 남겨둘 수도 있죠. 데이터를 수집한 이유를 이미지에 표시해 두면 함께 보는 동료에게 데이터를 수집한 이유를 따로 말로 설명하지 않아도 됩니다.

▲ https://evernote.com/ko-kr

라이너

노션이나 에버노트는 확장 프로그램을 이용해야 웹 데이터를 수집할 수 있는 반면 라이너(LINER)는 데이터 수집 전문 서비스입니다. 라이너를 확장 프로그램으로 설치하면 웹에서 필요한 정보를 모두 라이너에 수집할 수 있으며,

수집된 데이터를 공유하고 의견을 남길 수도 있습니다. 수집에 특화되어 있기 때문에 검색할 때에도 도움을 주는데, 라이너를 설치하면 구글 검색 결과에 챗GPT의 검색 결과를 함께 보여 준다거나, 라이너에서 자체 수집하여 정확도가 더 높은 검색 결과를 검색 최상단에 보여 주기도 합니다. 이렇게 수집한 데이터는 라이너 앱에 모여서 태그나 키워드로 내 방식에 맞게 스스로 분류할 수 있습니다.

▲ https://www.getliner.com/ko

🔗 목차 생성에 도움이 되는 도구

콘텐츠의 뼈대가 되는 목차를 잘 짤수록 글쓰기가 수월해지고 완성도 높은 콘텐츠를 완성할 수 있습니다. 목차를 생성할 때 사용하는 도구 2가지를 소개합니다.

워크플로위 워크플로위(Workflowy)는 웹 기반 노트 작성 및 정리 도구로, 단순한 글쓰기에 편리합니다. 기본 인터페이스도 글을 쓰는 공간을 열고 닫는 둥근 버튼과 글을 쓰는 공간으로 이루어져 있습니다. 워크플로위에서 목차를 작성한 후 목차에 있는 둥근 버튼을 눌러 펼친 다음 항목에 맞는 내용을 작성하면 됩니다. 각 목차의 둥근 버튼을 드래그하여 순서를 바꿀 수 있고, 단축키로 토글을 열었다 닫을 수 있습니다. 콘텐츠의 개요를 작성하는 용도로 추천합니다.

▲ https://workflowy.com/

TIP 노션에서 토글 기능을 이용하면 워크플로위와 비슷한 환경을 구현할 수 있습니다.

마인드맵 마인드맵(Mindmap)은 생각 정리 방법 중에 하나입니다. 디지털로 마인드맵을 사용하고 싶다면 미로, 엑스마인드(Xmind), 마인드노드(Mindnode) 등의 서비스를 이용하면 됩니다. 마인드맵으로 목차를 생성한다면 대표적인 디지털 마인드맵 도구인 미로를 떠올릴 수 있습니다. 미로에서는 마인드맵과 함께 자료를 수집하여 생각을 더욱 확장시키고, 동료들과 함께 작업할 수 있으므로 의견을 주고받으며 아이디어를 고도화시킬 수 있습니다.

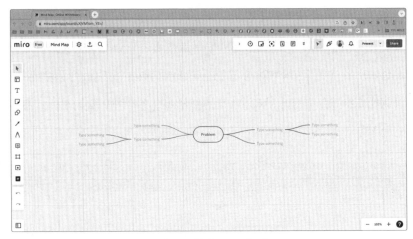

▲ https://miro.com/ko/

📤 누구나 할 수 있는 이미지 제작

이미지 작업은 대체로 디자이너의 고유 영역이었습니다. 디자이너가 작업한 이미지와 일반인이 작업한 이미지는 품질에서 큰 차이가 났죠. 하지만 최근에는 디자이너가 작업한 수준까지는 아니더라도 어느 정도 품질을 보장할 수 있는 다양한 디자인 도구들이 출시되고 있습니다.

디자이너들이 주로 사용하던 포토샵이나 일러스트레이터에도 인공지능 기능이 추가되어 일반인도 과거보다는 쉽게 사용할 수 있게 되었으나 여전히 어려운 부분이 있으며, 협업 기능에서도 아쉬운 점이 있습니다. 하지만 최근 각광받고 있는 피그마는 포토샵이나 일러스트레이터에 버금가는 기능을 갖추고 있으며, 협업 기능까지 잘 갖춰져 있습니다. 그럼에도 여전히 마케터가 사용하기에는 어려움이 있죠. 그래서 추천하는 도구는 캔바와 미리캔버스, 망고보드입니다. 이 중에서 캔바와 미리캔버스에 대해 간단하게 소개하겠습니다.

Canva

캔바(Canva)는 그래픽 디자인 플랫폼으로 누구나 쉽게 디자인을 할 수 있도록 도와줍니다. 사용처나 용도에 따라 제공되는 수백 개의 템플릿을 선택하고, 텍스트만 변경하면 그럴 듯한 디자인이 완성됩니다. 프레젠테이션 슬라이드, 인스타그램 게시물, 유튜브 섬네일을 비롯하여 포스터, X배너, A4 문서 등 인쇄물도 만들 수 있죠. 무료로 사용할 수 있으므로 부담이 없으며, 유료로 사용하면 더욱 다양한 자료를 활용할 수 있습니다. 글로벌 도구지만, 한글화가 잘되어 있어 사용에 큰 불편은 없으나 영어로 된 템플릿이 더 많습니다.

▲ https://www.canva.com/

또한 유료로 캔바를 사용하면 동료를 초대하여 협업할 수 있으며, 완성된 디자인에 댓글을 이용하여 의견을 주고받으며 결과를 더욱 향상시킬 수 있습니다. 이 외에도 각종 서비스들과 연결되어 있으므로 클라우드 스토리지 서비스, 소셜 미디어, 이메일, 메신저 등에 업로드하거나 포스팅하기 수월합니다.

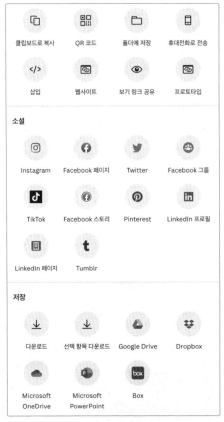

▲ 캔바의 다양한 공유 기능

미리캔버스

미리캔버스는 웹 기반이며, 캔바와 마찬가지로 프레젠테이션, 상세페이지, 카드뉴스, 동영상, 섬네일, 소셜 미디어 게시물 등 웹 디자인은 물론, 현수막, 명함, 포스터, 전단지, X배너, 스티커 등 인쇄, 출력물도 디자인할 수 있습니다.

▲ https://www.miricanvas.com/

국내 회사에서 개발한 도구인 만큼 한글 템플릿이 주를 이루며, 국내 정서에 맞는 디자인이 많습니다. 비즈하우스에서 인쇄, 출력 서비스를 제공하고 있으므로 미리캔버스에서 작업한 결과를 인쇄하기가 더욱 수월합니다.

Note 대세가 된 영상 콘텐츠 의견 주고받기

과거 마케팅 콘텐츠는 이미지만으로 충분했습니다. 하지만 이제는 유튜브를 시작으로 영상 콘텐츠가 대세가 되었으며, 이제는 짧은 영상인 숏폼이 주를 이루고 있습니다. 즉, 마케터의 필수 소양으로 영상 콘텐츠 제작이 추가된 셈입니다.

영상에 대해 전혀 배운 적이 없더라도 마케터가 된 이상 디지털 광고, 프로모션, 홍보 등 다양한 용도로 영상을 사용해야 하는 상황입니다. 따라서 직접 영상을 제작하지 않더라도 외주 업체에서 제작한 영상에 대한 피드백을 주고받기 위해서는 영상에 대한 기본 지식이 필요하며, 의견을 주고받을 도구도 필요합니다. 이때 사용할 수 있는 도구가 바로 영상 협업 도구인 이미지블입니다.

이미지블을 사용하면 영상 피드백에 신세계가 열립니다. 제작한 영상을 업로드하면 영상의 프레임(영상을 구성하는 각 장면, '30fps'이면 1초에 30장의 장면을 순서대로 보여준다는 의미)을 선택해 의견을 남길 수 있습니다. 단순히 텍스트 의견만 남길 수도 있고, 영상 위에 도형, 화살표를 그리면서 해당 내용에 대해 자세히 의견을 전달할 수 있습니다. 영상 오른쪽 패널에는 피드백을 남긴 목록들을 살펴보며 어떤 의견이 개진되었는지, 전체 의견은 어떤지도 살펴볼 수 있습니다.

▲ https://www.imgibble.com/

▲ 업로드한 영상에 남긴 피드백(출처: 이미지블 홈페이지)

📤 마케터의 일정 관리

마케터의 일정은 지금 시기에 어떤 콘텐츠를 제작할 것인지와 제작한 콘텐츠
를 언제 배포할 것이냐로 구분할 수 있습니다.

마케팅 시기 파악하기 현재 시기를 알려 주는 일정은 인터넷에 'XXXX년 마케팅 캘린더', 'XXXX년 마케팅 이슈 캘린더' 등으로 검색하면 국내 마케팅 일정이 담긴 캘린더를 쉽게 구할 수 있습니다. 대한민국의 공휴일을 포함해 발렌타인데이 같은 이벤트, 환경/인권 기념일, 국제 행사, 교육 및 취업, 스포츠 및 콘텐츠/게임 관련 일정 등 다양한 산업의 마케팅 일정을 한눈에 파악할 수 있습니다.

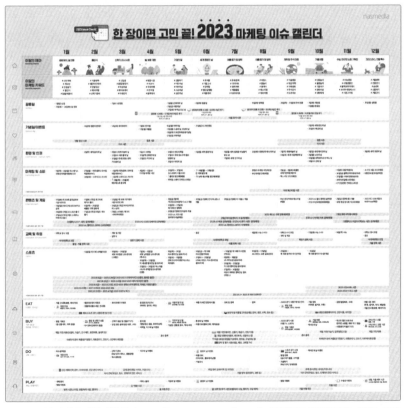

▲ 2023년 마케팅 캘린더(출처: https://www.nasmedia.co.kr/정기보고서/2022년-12월-한장이면-고민-끝-2023-마케팅-이슈-캘린더/)

검색해서 찾은 마케팅 이슈 캘린더와 현재 본인이 속한 산업의 일정에 차이가 있다면 별도로 정리해 두는 것이 좋습니다.

콘텐츠 배포 시기 파악하기 일정에 맞춰 콘텐츠를 제작했다면 이제 배포 시기를 정리해야 합니다. 이때는 조직에서 사용 중인 일정 관리 도구를 사용하면 충분합니다. 채널의 콘텐츠 관리를 하는 도구에 따라 노션, 구글 캘린더, 아웃룩 등 다양한 선택지가 있습니다. 노션에서 관리한다면 콘텐츠와 일정을 동시에 관리할 수 있습니다. 현재 운영 중인 채널과 그 채널에 업로드되는 날짜를 하나의 데이터베이스에서 관리할 수 있기 때문에 채널별로 어떤 콘텐츠가 언제 업로드되는지, 모든 채널에서 어떤 콘텐츠가 언제 포스팅되는지 파악할 수 있습니다.

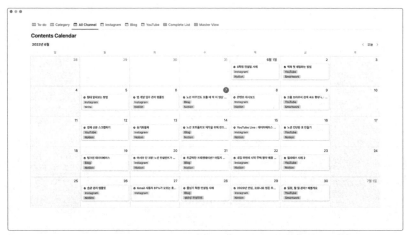

▲ 노션의 데이터베이스(캘린더 보기) 기능으로 관리 중인 콘텐츠 배포 일정

결과에 따른 배포 시기 파악 계획한 일정에 따라 콘텐츠를 배포했다면 다음은 운영하는 소셜 미디어의 성격과 운영하는 채널의 인사이트를 통해 새로운

배포 시기를 결정합니다. 소셜 미디어의 운영 목적에 따라 성과를 보는 거죠. 유튜브는 조회수가 중요하다면 조회수가 가장 높은 요일과 시간대를, 인스타 그램은 도달율이 가장 중요하다면 도달율이 가장 높은 요일과 시간대를 파악 하는 것입니다. 다음은 저의 콘텐츠 배포 시기를 정리한 표입니다.

▲ 저자가 만든 콘텐츠 배포 일정

📤 다방면에 도움이 되는 챗GPT

2022년 11월 30일에 등장한 챗GPT(ChatGPT)는 대화형 생성 인공지능 서 비스입니다. 친구나 전문가에서 묻듯 질문을 하면 답변을 제공하여 다양한 유형의 대화를 나누고 정보를 얻을 수 있습니다.

▲ https://chat.openai.com/

챗GPT가 전 세계에서 인기를 끄는 이유는 업무와 일상에 획기적인 변화를 가져올 수 있기 때문입니다. 고민이 있으면 고민을 들어 주기도 하고, 문제가 있으면 해결책을 제시하기도 합니다. 아이디어를 제공하거나 반복 작업을 간편하게 해결해 주기도 하죠. 블로그 글을 써 주기도 하고, 후기를 작성해 주기도 합니다. 책을 읽은 다음에 서평을 써 주기도 하고, 건강 문제 상담, 법률 상담, 진로 상담 등 사용자의 질문에 따라 무궁무진한 가능성을 가지고 있죠. 유료 사용자라면 더욱 다양한 기능을 사용할 수 있으나 무료 사용자도 챗GPT의 능력을 파악하기에 충분합니다.

마케터라면 대표적으로 요약, 분석, 아이디어 도출, 해석(어려운 내용 설명, 어조 변경), 포맷 변환 등에서 챗GPT를 활용할 수 있을 것입니다.

요약

긴 글을 챗GPT에 입력한 후 '위 내용을 요약해 줘'라고 명령하면 입력한 텍스트가 요약됩니다. 업계 동향을 파악하기 위해 기사를 읽어야 하는데 기사를 읽을 시간이 부족하다면 기사 전체를 복사한 다음 챗GPT에 명령해 보세요. '위 내용을 5줄로 요약해 줘'처럼 구체적으로 명령할수록 좋습니다.

스레드의 행보를 지켜보면 향후 우리가 사용할 소셜 네트워크의 미래를 그려볼 수 있을 것입니다. 소셜 네트워크가 탈중앙화 웹 3.0 개념을 포함한 소셜 네트워크로 확장하거나 아예 새로운 소셜 네트워크가 등장할 수도 있을 것입니다.

위 내용을 5줄로 요약해줘.

지금 번역하기

 트위터 대항마인 스레드가 출시 후 닷새 만에 1억 명 가입자 돌파, 새로운 형태의 소셜 네트워크로 평가됨. 스레드는 텍스트 중심의 플랫폼으로, 인스타그램과의 경쟁에서 성공. 분산화를 통한 탈중앙화 소셜 네트워크 플랫폼인 페디버스와 통합 예정. 페디버스를 통해 사용자는 데이터와 개인정보 통제권 강화 가능. 액티비티펍 프로토콜을 활용해 서로 다른 서비스를 연결하고 상호운용성 확대. 메타와 인스타그램은 중앙화 한계를 극복하기 위해 탈중앙화 소셜 네트워크로 진화하려는 전략.

분석

퍼포먼스 마케터가 광고 데이터를 분석한다면 광고 보고서를 직접 읽고 파악해야 하겠지만, 기본 데이터 분석은 챗GPT를 이용할 수도 있습니다. 광고 보고서에 있는 테이블을 모두 선택하고 챗GPT에 입력한 후 "위 데이터를 분석해 줘'라고 명령해 보세요. 그러면 챗GPT의 분석 데이터를 통해 광고 결과를 좀 더 쉽게 파악할 수 있을 것입니다.

이 데이터의 CPC에 대해 분석해줘

 주어진 데이터에서 CPC (클릭당 비용)에 대한 분석을 진행해보겠습니다. CPC는 광고주가 클릭당 얼마의 비용을 지불할 의향이 있는지를 나타내는 지표입니다.

먼저, 주어진 데이터에서 CPC 입찰 금액(cpc_bid_amount) 열을 살펴봅니다. 각 광고의 CPC 입찰 금액은 해당 광고에 대한 클릭당 비용을 나타냅니다. 다음은 주어진 데이터에서 CPC에 대한 정보를 요약한 통계입니다:

1. 평균 CPC:
   - 평균 CPC = (301.72 + 201.14 + 370.96 + 1,074.97 + 169.82 + 191.25 + 125.30 + 64.30 + 85.73 + 217.63) / 10
   - 평균 CPC = $388.22
2. 최소 CPC:
   - 최소 CPC = $64.30

아이디어 도출

마케팅 아이디어를 어디서 얻어야 할지 막막할 때 챗GPT를 이용해 보세요. 제가 가장 좋아하는 기능이기도 합니다. 예를 들어 기업의 리브랜딩을 어떻게 할지 막막하다면 '회사 리브랜딩을 하고 싶어요. 도와줄 수 있나요?'라고 명령하면 다음과 같이 기업의 리브랜딩 프로세스를 알려 줍니다.

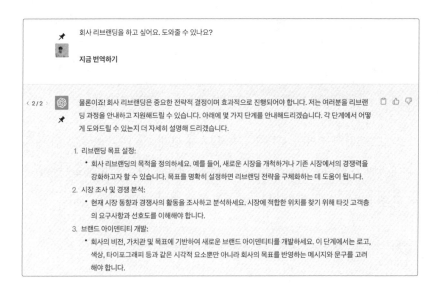

계속해서 질문을 이어 나갈 수 있습니다. 위와 같은 챗GPT의 대답 중에 전략 수립 방법이 어려워서 '전략 수립 부분의 도움이 필요해요'라고 다시 질문했더니 다음과 같이 전략 수립을 위해 고려해야 할 몇 가지 요소를 알려 주었습니다.

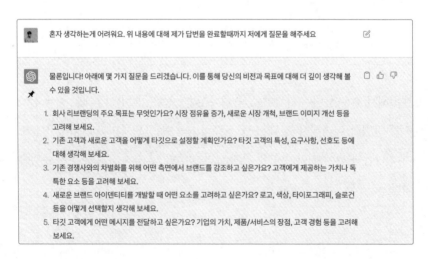

> 🧑 전략 수립 부분의 도움이 필요해요
>
> 🤖 전략 수립 단계에서 도움을 드리겠습니다. 아래는 회사 리브랜딩 전략을 수립하기 위해 고려해야 할 몇 가지 주요 요소입니다.
>
> 1. 목표 설정:
>   • 리브랜딩의 목적을 명확히 정의하세요. 예를 들어, 새로운 시장으로 진출하여 고객층을 확대하거나 현재 시장에서 경쟁력을 강화하는 등의 목표를 가질 수 있습니다. 목표를 세울 때는 구체적이고 측정 가능한 결과를 고려해야 합니다.
> 2. 타깃 고객층:
>   • 새로운 브랜드를 어떤 타깃 고객층에게 맞추고자 하는지 결정하세요. 고객의 연령, 성별, 지역, 관심사 등을 고려하여 명확한 타깃 고객 프로파일을 작성하세요. 이를 토대로 브랜드 메시지와 마케팅 전략을 구성할 수 있습니다.
> 3. 경쟁 분석:
>   • 주요 경쟁사들의 활동과 브랜딩 전략을 분석하세요. 경쟁사의 강점과 약점을 파악하고 차별화된 리브랜딩 전략을 개발하세요. 경쟁사와의 비교를 통해 고객에게 제공할 독특한 가치를 찾을 수 있습니다.

그럼에도 어떻게 정리해야 할지 몰라서 '혼자 생각하는 게 어려워요. 위 내용에 대해 제가 답변을 완료할 때까지 저에게 질문을 해 주세요'라고 명령했더니 다음과 같이 전략 수립에 필요한 질문을 몇 가지 제시해 주었습니다.

> 🧑 혼자 생각하는게 어려워요. 위 내용에 대해 제가 답변을 완료할때까지 저에게 질문을 해주세요
>
> 🤖 물론입니다! 아래에 몇 가지 질문을 드리겠습니다. 이를 통해 당신의 비전과 목표에 대해 더 깊이 생각해 볼 수 있을 것입니다.
>
> 1. 회사 리브랜딩의 주요 목표는 무엇인가요? 시장 점유율 증가, 새로운 시장 개척, 브랜드 이미지 개선 등을 고려해 보세요.
> 2. 기존 고객과 새로운 고객을 어떻게 타깃으로 설정할 계획인가요? 타깃 고객의 특성, 요구사항, 선호도 등에 대해 생각해 보세요.
> 3. 기존 경쟁사와의 차별화를 위해 어떤 측면에서 브랜드를 강조하고 싶은가요? 고객에게 제공하는 가치나 독특한 요소 등을 고려해 보세요.
> 4. 새로운 브랜드 아이덴티티를 개발할 때 어떤 요소를 고려하고 싶은가요? 로고, 색상, 타이포그래피, 슬로건 등을 어떻게 선택할지 생각해 보세요.
> 5. 타깃 고객에게 어떤 메시지를 전달하고 싶은가요? 기업의 가치, 제품/서비스의 장점, 고객 경험 등을 고려해 보세요.

각 질문에 대한 답변을 작성해서 그대로 전달했더니 제가 전달한 내용을 바탕으로 구체화하고 정리해서 답을 알려 주었습니다.

위 질문에 대해 답변을 정리해서 전달해줄게. 아래 내용을 참고해줘.

 주요 목표:

* 리브랜딩의 주요 목표는 시장에서의 경쟁력을 향상시키기 위한 브랜드 이미지 개선입니다. 기존 고객의 충성도를 높이고 새로운 시장 진출을 통해 시장 점유율을 확대하고자 합니다.

타깃 고객:

* 기존 고객: 기존 고객을 대상으로는 브랜드의 변화를 통해 현재 제공하는 제품과 서비스의 가치를 강조하고자 합니다. 기존 고객과 함께 기업의 가치를 공유하며 성장할 수 있는 고객층으로 설정할 예정입니다.
* 새로운 고객: 새로운 고객을 대상으로는 브랜드의 혁신과 새로운 제품/서비스의 특장점을 강조하여 더 넓은 고객층에 접근하고자 합니다. 타깃 고객은 기존 고객과 비슷한 가치와 요구사항을 가지며, 우리의 혁신적인 솔루션을 필요로 하는 고객층으로 설정할 예정입니다.

마지막으로 전달한 내용을 기반으로 브랜드 스토리를 작성하기 위해 '위 내용으로 브랜드 스토리 예시를 알려주세요'라고 명령했더니 아래와 같은 답변을 얻을 수 있었습니다.

 위 내용으로 브랜드 스토리 예시를 알려주세요

 물론입니다! 아래는 리브랜딩을 통해 새로운 브랜드 스토리를 구성하는 예시입니다:

 브랜드 이름: InnovateTech

브랜드 스토리:
InnovateTech은 혁신적인 기술 솔루션을 제공하여 비즈니스 성과를 높이고자 하는 기업들의 성장을 돕는 테크놀로지 기업입니다. 우리는 기업들이 미래에 대비하고 변화에 능동적으로 대응할 수 있도록 혁신적이고 편리한 솔루션을 제공합니다.

우리의 주요 목표는 고객들이 우리의 기술을 통해 새로운 비즈니스 모델을 구축하고 기존의 경쟁사들과 차별화하여 성공을 이루는 것입니다. 기업들은 우리의 솔루션을 통해 탁월한 성능과 사용 편의성을 경험하며, 비즈니스 성과를 향상시킬 수 있습니다.

InnovateTech의 브랜드 아이덴티티는 현대적이고 혁신적인 이미지를 반영합니다. 로고는 단순하고 간결한 디자인으로 구성되어 있으며, 선명하고 활기찬 컬러 팔레트를 사용합니다. 타이포그래피는 간결하면서도 강력한 폰트를 활용하여 우리의 혁신적인 정신을 전달합니다.

해석

해석을 위해 챗GPT를 사용하는 사례는 크게 2가지를 들 수 있습니다. 어려운 내용 해석과 어조 변경이죠. 마케팅을 위해 자료를 조사하다면 해외 전문 블로그나 칼럼 등을 찾을 수 있습니다. 그럴 때 해당 블로그의 내용을 복사해서 챗GPT에 입력하고 '위 내용을 쉬운 내용으로 변경하고, 한글로 답변해 주세요.'라고 명령해 보세요.

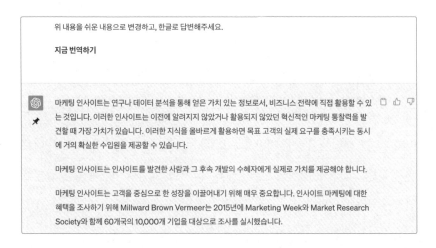

어려운 내용을 쉽게 정리해 주고, 동시에 번역도 해 줍니다. 쉽게 변경된 내용을 다시 한번 요약할 수도 있겠죠?

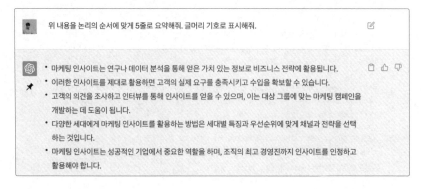

어조 변경은 글을 쓸 때 사용하면 좋습니다. 사람마다 글쓰기 스타일이 모두 다릅니다. 누구는 소설이나 시, 에세이, 일기 같은 감성적인 글을 잘 쓰는 반면에 누군가는 딱딱하고 정적이지만 누구나 쉽게 이해할 수 있게 비즈니스 커뮤니케이션에 사용되는 글을 잘 쓰기도 하죠. 이때 상황에 맞춰 어조 변경을 한다면 좀 더 효과적일 겁니다. 예를 들어 저는 감성적인 글쓰기를 잘하는데 비즈니스를 위한 이메일을 써야 한다면 평소와 같은 스타일로 글을 쓴 다음 비즈니스를 위한 이메일 스타일로 변경해 달라고 명령하면 됩니다. 물론 반대로도 가능합니다.

위 요약된 내용을 전달하는 비즈니스 이메일을 작성해줘. 전문적인 어투가 나오되, 친절하고 다정하게 작성해줘.

안녕하세요,

고객님께 드리는 이메일입니다. 우리 비즈니스에서는 마케팅 인사이트에 대해 이야기하고자 합니다. 마케팅 인사이트는 연구와 데이터 분석을 통해 얻은 가치 있는 정보로서, 비즈니스 전략에 큰 도움을 주는 요소입니다. 이러한 인사이트를 제대로 활용하면 우리의 타겟 고객의 실제 요구를 파악하고, 그에 맞춘 전략을 구성함으로써 거의 확실한 수입을 올릴 수 있습니다.

우리는 고객의 의견을 조사하고 인터뷰를 통해 인사이트를 얻을 수 있습니다. 이는 우리가 타겟 그룹에 맞는 마케팅 캠페인을 개발하는 데 큰 도움이 됩니다. 또한, 다양한 세대에게 적합한 마케팅 인사이트를 활용하는 방법을 알아보고 있습니다. 세대별 특징과 우선순위에 맞게 적절한 채널과 전략을 선택하여 타겟 그룹에게 효과적으로 전달할 수 있습니다.

형식 변환

자료를 정리할 때 두드러지게 다른 형식으로 작성된 것을 꼽으라면 주소와 전화번호가 있을 것입니다. 특히 전화번호는 대체로 010-xxxx-xxxx 형식으로 작성하는데, 사용자에 따라 '010 xxxx xxxx', '010.xxxx.xxxx', '010,xxxx,xxxx', '010xxxxxxxx' 등으로 입력하기도 합니다. 이렇게 다양한 형식의 전화번호 데이터를 정리하고 싶을 때 수집된 전화번호를 챗GPT

에 입력한 후 "대한민국의 휴대폰 번호 포맷입니다. '010-xxxx-xxxx' 포맷으로 모두 변경한 다음 테이블에 정리해 주세요."라고 명령했더니 다음과 같은 결과를 얻을 수 있었습니다.

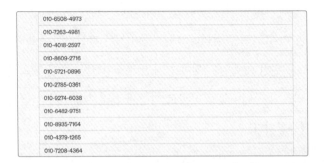

GPT-4.0을 쓰려면 한 달에 $20를 내야 합니다. GPT-4.0 모델은 GPT-3.5 모델에 비해 한국어를 더 잘 알아들으며, 더 창의적이고, 더 정확한 답변을 생성합니다. 전작에 비해 더 똑똑해진 아이라고 생각하면 되죠. 만약 한 달에 $20를 낼 정도로 사용량이 많지 않는데 GPT-4.0을 사용하기 위해 매월 3만원을 지출한다면 아까울 수 있습니다. 이럴 때 뤼튼(Wrtn)이라는 서비스를 추천합니다.

▲ https://wrtn.ai/

뤼튼은 뤼튼테크놀로지스에서 만든 인공지능 서비스로 콘텐츠를 쉽게 생성할 수 있는 서비스입니다. 브랜드 마케팅, 광고 캠페인, 웹사이트 운영, 인스타그램 설명글, 유튜브 제목, 설명글,

스크립트 등 다양한 콘텐츠를 생성할 수 있죠. 특히, 무료로 인공지능 모델을 번갈아가면서 사용할 수 있다는 점이 신기한데요, OpenAI에서 만든 챗GPT, 구글에서 만든 바드(Bard) 등의 언어 모델을 변경해 가며 사용할 수 있습니다. 즉, 우리가 만들고 싶어하는 콘텐츠에 따라 뤼튼에서 언어 모델을 변경할 수 있다는 말입니다. 게다가 23년 12월 20일부터 모든 기능을 한도 없이 무료로 사용할 수 있다고 합니다.

▲ 2023년 11월 기준 위와 같은 5개의 언어 모델을 사용할 수 있습니다.

AI 스토어

챗GPT에는 적절한 답을 얻을 수 있는 프롬프트 공유 공간이 잘 만들어져 있지만 대부분 영어로 만들어져 사용에 어려움이 있습니다. 하지만 뤼튼에는 한글로 프롬프트를 만들어 공유하는 공간이 따로 있습니다. 바로 AI 스토어입니다.

▲ https://wrtn.ai/store

뤼튼 사용자들이 공통 관심사를 통해 자기만의 프롬프트를 만들어 공유하는 거죠. 예를 들어 맛집 후기를 작성해 주는 봇, 강의 후기를 분석해 주는 봇, 영어 기사를 넣으면 주요 문장과 단어를 넣어 주는 봇 등 수백 개가 넘는 봇이 있습니다.

그리기

AI로 그림을 그려 주는 서비스들도 많이 있으며 뤼튼에서도 가능합니다. 일부 인공지능 그림 그리기 서비스는 무료에서 횟수 제한이 있으나, 뤼튼은 그림 그리기도 무료로 사용할 수 있습니다. 뤼튼을 실행한 후 'xxx 그려 줘'라고 명령해 보세요. 프롬프트의 명령어를 자세할수록 원하는 느낌의 그림을 얻을 수 있습니다. 아래와 같은 프롬프트를 입력하여 다음과 같은 결과를 얻을 수 있었습니다.

우주 배경. 우주복을 입은, 시바견, 캐릭터 그려줘

협업 도구 도입에 실패하는 이유

조직의 업무에 맞게 새로운 도구를 잘 선택하고 도입했나요? 실무자들도 만족하고, 원하는 업무 방식으로 진행할 수 있게 되었나요? 여러분의 조직에서 협업 도구 도입에 성공했다고 이야기할 수 있나요? 큰 조직일수록 새로운 도구를 도입한 후 성공 여부를 물어보면 '잘 모르겠다'는 대답이 돌아오곤 합니다. 아무리 조직에 잘 맞는 도구를 선택해서 도입했다고 하더라도 모든 구성원이 그 도구를 잘 사용한다는 보장이 없기 때문입니다. 협업 도구는 혼자 사용하는 도구가 아니므로 도입에 주도적이었던 담당자 마음에 쏙 들더라도 구성원들이 제대로 사용하지 않으면 도입에 성공했다고 이야기할 수 없습니다.

모든 구성원에게 동일한 못과 망치를 제공한 후 곧바로 1분에 하나씩 못을 박으라고 한다면 얼마나 성공할 수 있을까요? 힘이 부족해서 못을 제대로 박지 못하는 조직원부터 매번 대각선으로 못을 박는 구성원, 망치에 손이 찍힐까 두려워 시도조차 못 하는 구성원도 있을 것입니다. 따라서 못과 망치를 제공했다면 다음으로는 최소한의 사용법을 알려 주고, 1개만이라도 제대로 못을 박을 수 있게 해 줘야 점차 제대로 사용하게 될 것입니다.

협업 도구도 마찬가지입니다. 최소한 제대로 사용하게 하려면 교육이 뒤따라야 합니다. 도구의 접근성, 친밀도, 난이도, 인터페이스 언어 등에 따라 사용법 교육의 시간은 달라질 것입니다. 기업에서 많이 사용하는 엑셀이나 파워포인트는 입사한 이후에도 8시간, 16시간씩 강의를 들을 정도로 많은 숙련도가 필요한 반면, 트렐로처럼 단순한 기능을 가진 도구는 30분, 길어도 2~3시간 정도면 기본적인 사용법을 모두 익힐 수 있습니다.

교육 방법은 강의, 워크숍, VOD 시청 등이 있으며, VOD 시청 → 강의 → 워크숍 순서로 구성원의 집중도나 참여도가 달라집니다. 따라서 도구 활용의 중요도에 따라 강의나 워크숍을 먼저 진행하고, 추가 교육이 필요하다면 언제나 볼 수 있는 VOD를 게시하여 부족한 교육을 보충할 수 있도록 하면 좋습니다.

교육은 회사 내부 사정을 잘 아는 담당자가 커리큘럼에 많이 관여하는 걸 추천합니다. 외부 강사를 영입한다면 이론이나 중요성만 주야장천 얘기하거나 해당 조직과 무관한 사례, 최신 업데이트 기능이지만 실무자의 업무와는 관계없는 내용이 주를 이룰지도 모릅니다. 따라서 내부 구성원이 강사와 함께 세부 커리큘럼에 대해 충분한 논의를 하고 강의를 진행해야 조직의 업무에 실제 도움이 될 것이며, 업무와 밀접한 관련이 있는 내용이기 때문에 학습에 대한 집중도도 높아집니다.

교육이 끝나더라도 실제 사용하는 구성원들에게 주기적으로 피드백을 받아야 합니다. 교육이 끝났다고 '이제 잘 사용하겠지!'라고 생각하면 큰 오산입니다. 사용 중에 문제가 발생할 수도 있고, 이전 업무 방식이 더 편하다는 이유로 되돌아가는 일이 비일비재합니다. 따라서 구성원들의 피드백을 통해 어떤 부분이 불편한지, 어떤 점에서 기존의 업무보다 불편하거나 효율이 나오지 않는지 등을 파악해 사용하기 편하게 보완하는 과정이 필요합니다.

도입 시 비용을 줄이는 방법

SaaS 시스템에서 가장 무서운 것은 구독료입니다. 이전에는 처음 한 번 큰 비용을 투자하여 프로그램을 구매하고 이후 유지/보수 비용만 내면 됐습니다. 하지만 SaaS 서비스는 클라우드 서버나 개발 회사의 인프라 등을 이용해야 하므로 사용료를 구독 형태로 지불하는 경우가 많습니다. 구독 이후 사용량에 따라 추가 요금을 지불하기도 하죠. 게다가 사용자 수에 따라 비용을 지불해야 하므로 구성원이 많으면 금액이 상당히 높아지기도 합니다.

그러므로 도구 도입이 확실하지 않은데 비용이 걱정된다면 점진적 도입을 추천합니다. 구성원이 총 50명이라고 한 번에 50명의 비용을 지불하는 것보다는 처음 테스트 단계의 필수 인원만 결제해서 사용하고, 우선순위에 따라 순차적으로 유료 사용자 수를 늘리는 것입니다. 또한 도입이 확실해졌다고 하더라도 모든 구성원을 유료 사용자로 등록하는 것보다는 자주 사용하지 않을 팀이나 부서, 사용자에 따라 게스트로 초대해서 사용하는 방법도 있습니다.

외부 컨설턴트를 잘 활용하는 방법

제가 컨설팅을 진행했던 클라이언트 중 "컨설턴트님이 저보다 전문가니까 잘 사용하시겠죠?"라며 제품 구매만 한 후 모든 권한을 위임해 주려고 한 곳이 있었습니다. 물론 컨설턴트가 협업 도구나 활용 방법 등에 대해 전문가가 맞습니다. 하지만 해당 조직에 대해서는 전혀 모릅니다. 따라서 외부 컨설턴트에게 업무를 맡긴다면 추가로 조직에 대한 정보를 논의하고 알려주는 시간이 필요할 것입니다.

새로운 도구 도입을 주도하는 담당자가 실무에 대해 모르는 경우도 있습니다. 조직에 맞는 협업 도구의 도입을 맡았으나, 실무자가 아닌 관리자라서 전체 업무를 모르는 상황이었죠. 결국 실무자가 추가로 참여하게 되었습니다. 관리자는 큰 그림을 그리는 역량이 뛰어나기 때문에 전체 업무 방향을 함께 논의하고, 실무자는 직접 사용할 도구이기 때문에 본인의 업무가 어떻게 진행되었으면 하는지 미래를 그릴 수 있다는 장점이 있습니다.

예를 들어 관리자와 상담할 때에는 "이런 모습으로 도구를 활용하고 싶어요."라며 청사진을 가지고 옵니다. 그 청사진에는 관리자의 방향과 희망만 들어 있고 실제로 구현될 모습이 그려지지 않는 거죠. 실제로 구현을 하기 위해서는 실무자의 의견이 필요합니다. 어떤 모습을 원하며, 어떤 기능이 어디에 포함되어야 하는지는 실무자의 편의를 고려해야 업무 효율이 더 상승하기 때문입니다.

현재의 관리자가 과거 실무 경험이 있다고 하더라도 현재의 업무나 방식이 다를 수 있으므로, 실무자가 없이 새로운 도구 도입을 상담한 경우 비용만 지불하고 흐지부지되는 경우가 종종 있습니다. 따라서 도구 도입 담당자가 실무를 모두 파악하지 못했다면 실무자와 함께 도입 프로젝트를 진행하는 걸 추천합니다.

도입한 도구를 잘 사용하는 방법

새로운 협업 도구를 도입하고, 잘 사용하는 방법은 딱 한 가지입니다. 많이 들여다보는 것입니다. 무엇이든 오랜 경험이 쌓이면 좀 더 능숙하게 잘 다룰 수 있습니다. 우리가 카카오톡을 손쉽게 사용하는 이유도 일상이 되어 자주 사용하기 때문일 것입니다. 따라서 새로운 업무 도구를 도입했을 때 가장 잘 쓰는 방법은 지금 당장 어색하고 어렵더라도 꾸준히 사용해 보면서 익숙해지는 것이 좋습니다.

새로 도입한 도구가 엑셀이나 파워포인트처럼 기능이 많은 경우, 사용에 엄두조차 나지 않을 수 있습니다. 이럴 때는 무작정 사용해 보면서 동시에 유튜브나 인터넷에 있는 간단한 아티클, 영상을 수시로 보는 것이 좋습니다. 도구가 익숙해지려면 시간이 필요합니다. 따라서 빠르게 익숙해지고 싶다면 더 많이 사용하고, 더 많이 찾아보며 눈에 익혀야 할 것입니다.

만약 조직의 구성원들이 업무 시간 외에 업무 도구를 익히는 데 시간을 할애하길 거부한다면 구성원들을 대상으로 이벤트를 기획해 볼 수 있습니다. 플로우나 네이버웍스 같은 도구는 관리자가 구성원들의 사용량을 볼 수 있습니다. 이 대시보드를 기준으로 가장 많이 도구를 사용한 사람, 이 도구의 사용법을 다른 구성원에게 많이 알려 준 사람, 처음에는 아무것도 몰랐지만 잘 적응해서 지금은 누구보다 잘 사용하는 사람 등 구성원들에게 적절한 포상을 제공하는 것입니다.

매일 또는 매주 도구를 사용해 이벤트를 여는 것도 좋습니다. 도구의 기능을 이용해 미션을 완수하면 보상을 줄 수도 있습니다. 슬랙을 기준으로 다른 사람의 메시지에 이모지를 다는 미션, 다른 사람에게 첨부 파일을 보내는 미션, 다른 사람의 메시지에 스레드를 달아 의견을 주고받는 미션, 공개 채널을 만들어 다른 사람들과 대화를 나누는 미션, 자기만의 이모지를 만드는 미션, 워크플로를 만드는 미션 등 도구의 기본 사용법을 미션으로 만들어 미션을 처리하는 사람에게 완료 보상을 준다면 사용자 입장에서는 재미와 보상을 얻으며, 덤으로 도구를 익숙하게 다룰 수 있게 될 것입니다.

여러분의 조직이 다양한 협업 도구를 잘 활용하여 더욱 효율적으로 업무를 수행할 수 있게 되길 응원하겠습니다.

협업 도구 전문 컨설턴트
전시진 드림
